토토로하우스 일본어

시험 대비용 기초 교재

STEP 2

시험 대비용 기초 교재
토토로하우스 일본어 Step ❷

초판 인쇄 2025년 8월 10일
초판 발행 2025년 8월 20일

지은이 박나리, 이은정, 이승희, 신후재
감수 쿠로야나기 시게오
펴낸이 정진기
펴낸곳 토토로하우스언어연구소
기획 차경숙
편집·디자인 박하연, 전지영
콘텐츠 제작 이은정, 이승희, 가와히가시 미나, 윤성준
판매대행 파라북스 (02-322-5353)

등록번호 제2018-000335호
등록일자 2018년 11월 12일
주소 서울특별시 강남구 강남대로 354, 1401호
전화 02-538-1213   **팩스** 02-538-1215

ISBN 979-11-986138-1-3 (13730)
※ 값은 표지 뒷면에 있습니다.

토토로하우스
일본어

시험 대비용
기초 교재

STEP 2

박나리 · 이은정 · 이승희 · 신후재 지음 | 쿠로야나기 시게오 감수

토토로하우스언어연구소

《토토로하우스 일본어》는

단순한 입문서가 아닙니다.
일본어시험 전문 어학원 '토토로하우스어학원'이
20년 경력의 베테랑 강사진 노하우를 집약해 만든,
시험 고득점을 위한 실전형 기초 교재입니다.

《토토로하우스 일본어》 Step ❶과 Step ❷는

일본어를 처음 시작하는 분들을 위한 입문서이자,
장기적으로 JLPT(일본어능력시험)와 EJU(일본유학시험)에서
고득점을 달성하기 위한 최적의 출발점입니다.

이 책의 특징

1. 실용 중심의 체계적인 구성

- 회화와 문법에 꼭 필요한 주제를 중심으로 단어, 회화, 문법, 연습, 독해, 작문, 청해, 한자까지 유기적으로 연결했습니다.
- 단원별 학습 흐름 속에서 일본어의 4대 영역을 자연스럽게 익힐 수 있도록 설계했습니다.

2. MP3 음원 제공

- 모든 과정을 MP3 음원으로 제공하여 듣고 따라 하며 말하기와 듣기를 동시에 훈련할 수 있습니다.
- 독학용이든 수업용 교재로든 청해와 회화 실력 향상에 확실한 도움을 줍니다.

3. 복습과 자기 진단 시스템

- 각 단원마다 복습 문제와 자가 진단형 작문 연습을 포함해 스스로 실력을 점검하고, 시험 감각을 기를 수 있도록 돕습니다.

이런 분들께 추천합니다!

• 일본어를 처음 시작하면서
　JLPT N3, N2, N1 합격이나 EJU 고득점을 목표로 하시는 분

• 기초부터 제대로 다지고 싶은 일본어 학습자

• 수업용으로도, 독학용으로도 부족함 없는 교재를 찾는 분

• 회화와 문법을 함께 마스터하고 싶은 분

• 국내 대학 진학, 진급 시험을 준비하시는 분

• 일본 유학을 준비하시는 분

진짜 실력을 다지는 찐 기초!

확실한 기초를 다지고,
듣기 · 말하기 · 읽기 · 쓰기의 네 가지 영역을
균형 있게 키워야 이후 본격적인 시험 대비 과정에서
훨씬 빠른 속도로 실력을 끌어올릴 수 있습니다.

진짜 실력은 찐 기초에서 시작됩니다.
이제《토토로하우스》Step ❶, Step ❷와 함께
일본어 마스터와 고득점에 도전해 보세요.

차례

▶ 제1과에서 제16과까지 모든 과는
단어·회화·문법·연습·독해·작문·청해·한자로 구성되어 있습니다.

01. 제1과 • 小説を 読んだことが ありますか。 ... 11
た형 활용 : ～た＋명사 ｜ ～たり～たりする ｜ ～た方がいい ｜ ～たことがある

02. 제2과 • 一人で いることが あまり 好きじゃ ないです。 ... 31
ない형 활용 1 : ～ない ｜ ～ない ＋ 명사 ｜ ～なかった ＋ 명사

03. 제3과 • 健康のためには 運動をしなければ なりません。 ... 47
ない형 활용 2 : ～ないで ｜ ～なくて ｜ ～ない方がいい ｜ ～なければ なりません

04. 제4과 • 来年は 英語を 習うつもりです ... 65
동사 의지형 ｜ ～ようと思う ｜ ～つもりだ ｜ ～ために

05. 제5과 • 今は 大丈夫? ... 81
보통형

06. 제6과 • 変な味が したんです。 ... 99
조건표현 1 (～たら) ｜ ～んです ｜ ～ので ｜ ～のに

07. 제7과 • 安ければ どこでも いいですよ。 ... 121
조건 표현 2 (～ば) ｜ ～から ｜ ～し ｜ ～と思う

08. 제8과 • 暖かくなると 出かけたくなる。 ... 141
조건표현 3 (～と) ｜ ～かもしれない ｜ ～でしょう ｜ ～に違いない
변화표현 (～なる)

09. 제9과 • このアプリで 予約が できます。 ... 159
조건표현 4 (〜なら) | 가능표현 (가능동사, 〜ことができる)

10. 제10과 • 先生が 厳しそうですから、迷っています。 ... 175
〜そうだ (전문) | 〜そうだ (양태)

11. 제11과 • 疲れたみたいですね。 ... 191
〜ようだ | 〜みたいだ | 〜らしい

12. 제12과 • 先輩に 誘われて カラオケに 行きました。 ... 207
수동형

13. 제13과 • ゲームしながら 単語を 覚えさせて います。 ... 223
사역형

14. 제14과 • K-POPのダンスを させられました。 ... 239
사역 수동형

15. 제15과 • どちらに お泊りに なって いますか。 ... 253
존경어

16. 제16과 • ソウルのいい観光地を ご案内します。 ... 269
겸양어

OX. 부록 • 해석과 정답 ... 281

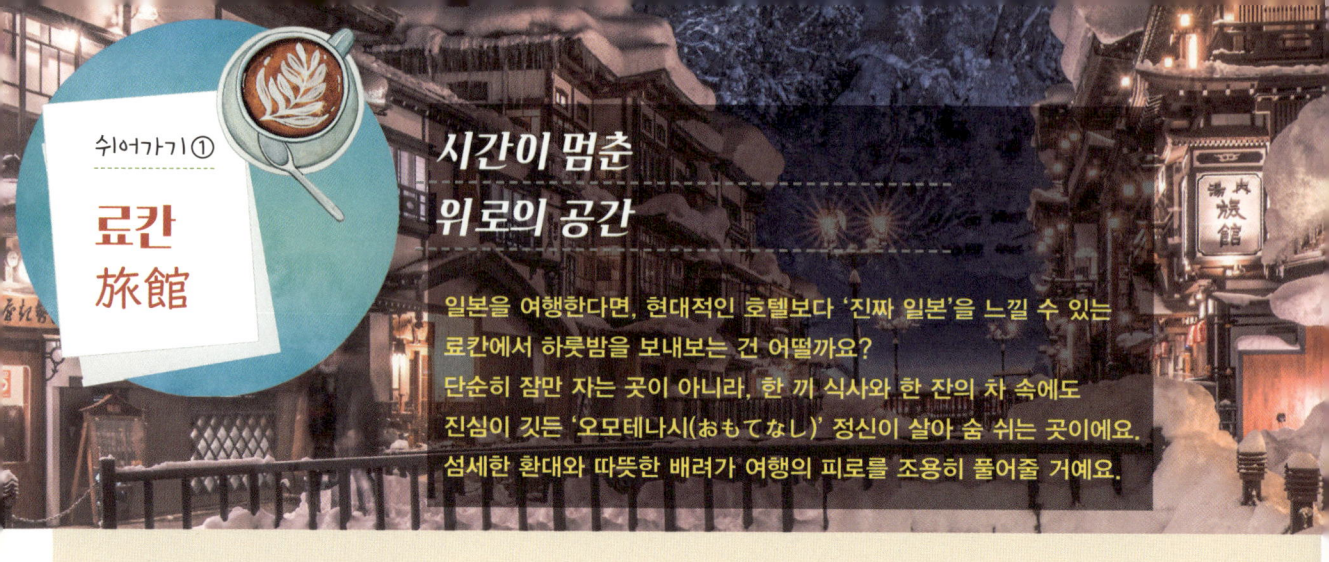

쉬어가기 ①

료칸
旅館

시간이 멈춘 위로의 공간

일본을 여행한다면, 현대적인 호텔보다 '진짜 일본'을 느낄 수 있는
료칸에서 하룻밤을 보내보는 건 어떨까요?
단순히 잠만 자는 곳이 아니라, 한 끼 식사와 한 잔의 차 속에도
진심이 깃든 '오모테나시(おもてなし)' 정신이 살아 숨 쉬는 곳이에요.
섬세한 환대와 따뜻한 배려가 여행의 피로를 조용히 풀어줄 거예요.

역사 깊은 료칸에 발을 들여놓는 순간,
마치 시간을 거슬러 올라가는 듯한 기분이 듭니다.
반들반들해진 나무 기둥, 모서리가 닳은 계단,
시간이 빚어낸 고풍스러운 벽지와 찻잔…
켜켜이 쌓인 시간이 만들내는 숙성된 아름다움이지요.

료칸은 대부분 산속, 강가, 온천지처럼
자연과 맞닿은 곳에 자리하고 있어요.
창밖으로 이어지는 정성스러운 정원은
방 안에서도 마치 자연 한가운데 있는 듯한
평온함을 선사하지요.

가이세키 요리

그리고 빠질 수 없는 즐거움, 바로 가이세키 요리예요.
제철 재료를 아낌없이 담아낸 전통 코스 요리로,
한 입 한 입에서 깊은 맛이 느껴지고,
정갈하고 예술적인 담음새에 감탄이 절로 나와요.

유카타를 입고, 타타미 위에 앉아,
따뜻한 차를 마시는 순간
몸과 마음이 천천히 이완되며,
일본의 정취가 온전히 스며들어요.
단 한 번의 숙박이, 오래도록 기억에 남을
특별한 일본의 경험이 될 거예요.

제1과

小説を 読んだことが ありますか。
しょうせつ よ

た형 활용 :
~た+명사
~たり~たりする
~た方がいい
~たことがある

01

 제1과

단어

■ 회화

趣味	しゅみ	취미
読む	よむ	읽다
小説	しょうせつ	소설
	エッセイ	에세이
推理	すいり	추리
勧める	すすめる	추천하다
作家	さっか	작가
世界的	せかいてき	세계적
人気	にんき	인기

■ 문법

暇だ	ひまだ	한가하다
入学式	にゅうがくしき	입학식
今朝	けさ	오늘 아침
雪	ゆき	눈
町	まち	마을
静かだ	しずかだ	조용하다
頭	あたま	머리
痛い	いたい	아프다
一日中	いちにちじゅう	하루 종일
降る	ふる	내리다
映画	えいが	영화
買い物	かいもの	쇼핑
早く	はやく	빨리
以前	いぜん	이전
方	かた	분(사람을 높임)
昔	むかし	옛날
交通	こうつう	교통
不便だ	ふべんだ	불편하다
所	ところ	곳
気分	きぶん	기분
不真面目	ふまじめだ	불성실하다
体調	たいちょう	몸상태
悪い	わるい	나쁘다
試験	しけん	시험
後で	あとで	후에

■ 연습

新入社員	しんにゅうしゃいん	신입사원
工場	こうじょう	공장
	すてきだ	멋지다
新鮮だ	しんせんだ	신선하다
魚	さかな	물고기
歯	は	치아
消す	けす	지우다, 끄다
呼ぶ	よぶ	부르다
着る	きる	입다
薬	くすり	약
終わる	おわる	끝나다
授業	じゅぎょう	수업
教える	おしえる	가르치다
言葉	ことば	말
部屋	へや	방
美味しい	おいしい	맛있다
賑やかだ	にぎやかだ	번화하다
雑誌	ざっし	잡지
お腹	おなか	배
太る	ふとる	살찌다
運動	うんどう	운동
遅刻	ちこく	지각
熱	ねつ	열
減らす	へらす	줄이다
納豆	なっとう	낫토
芸能人	げいのうじん	연예인

■ 독해

交換留学	こうかんりゅうがく	교환유학
住む	すむ	살다
色々な	いろいろな	여러 가지
野菜	やさい	채소
洗う	あらう	씻다
切る	きる	자르다

제1과

회화

박 씨가 요스케 씨와 함께 도서관에서 이야기하고 있다.

パク　　ヨウスケさんの 趣味は 何ですか。

ヨウスケ　私の 趣味は 本を 読むことです。

パク　　いつも どんな本を 読みますか。

ヨウスケ　小説を 読んだり、エッセイを 読んだり します。

パク　　私は 推理小説が 好きですが、一つ お勧めして ください。

ヨウスケ　そうですね。東野圭吾という 作家の小説を 読んだ ことが ありますか。

パク　　いいえ、まだです。

ヨウスケ　では、彼の小説を 読んだ方が いいです。世界的に 人気です。

제1과

문법

01 명사, 형용사의 た형 ~이었다, ~였다

명사	명사 + だった	休み 休みだった
な형용사	~だ + だった	暇だ 暇だった
い형용사	~い + かった	高い 高かった

▶ 昨日は 入学式(にゅうがくしき)だった。

　今朝(けさ)は 雪だった。

▶ 町(まち)は 静(しず)かだった。

　交通は 便利だった。

▶ 頭が 少し 痛かった。

　天気は よかった。

02 동사의 た형 ~했다

		기본형		た형	
1그룹	① ~う 　~つ　→　った 　~る	洗う	씻다	→ 洗った	씻었다
		待つ	기다리다	→ 待った	기다렸다
		乗る	타다	→ 乗った	탔다
	② ~ぬ 　~む　→　んだ 　~ぶ	死ぬ	죽다	→ 死んだ	죽었다
		飲む	마시다	→ 飲んだ	마셨다
		遊ぶ	놀다	→ 遊んだ	놀았다
	③ ~く　→　いた 　~ぐ　→　いだ	聞く	듣다	→ 聞いた	들었다
		泳ぐ	헤엄치다	→ 泳いだ	헤엄쳤다
	④ ~す　→　した	話す	이야기하다	→ 話した	이야기했다
	* 行く는 예외	行く	가다	→ 行った	갔다
2그룹	어미[る]를 빼고 + た	食べる	먹다	→ 食べた	먹었다
		寝る	자다	→ 寝た	잤다
3그룹	예외이므로 암기한다	する	하다	→ した	했다
		来る	오다	→ 来た(き)	왔다

▶ 昨日は 一日中 雨が 降った。
▶ 友達と 映画を 見た。
▶ デパートで 買い物を した。
▶ 昨日より 早く 来た。

제1과

문법

03 ～た + 명사 ~한 / ~했던 / ~였던 + 명사

- こちらは 以前、先生だった 方です。
- ここは 昔 交通が 不便だった 所です。
- 日本で 一番 おいしかった 食べ物は 何ですか。
- これは 日本に 行った 時 買いました。

04 ～たり ～たり します。 ~(하)거나 ~(하)거나 합니다

- コーヒーは その日の気分で アイスだったり ホットだったり します。
- 鈴木さんは 真面目だったり 不真面目だったり します。
- あの店の おにぎりは 大きかったり 小さかったり します。
- 週末は たいてい 友達に 会ったり、家で 本を 読んだり します。

05 동사의 た형 + た 方が いいです。　~(하)는 편이 좋습니다

▶ 体調が 悪い時は 家に 帰って 休んだ方が いいです。
▶ 試験の日は、もっと 早く 起きた方が いいです。
▶ 風が 強いですから、スカーフを した方が いいです。
▶ 後で 来た方が いいですか。

06 동사의 た형 + た ことが あります。　~(한) 적이 있습니다
　　　동사의 た형 + た ことは ありません。　~(한) 적은 없습니다

▶ 私は 3年前に 日本へ 行ったことが あります。
▶ この食べ物を 食べたことが ありますか。
▶ まだ ネットで 買い物を したことは ありません。
▶ ここに 来たことが ありますか。

제1과
연습

 다음 표를 채워 봅시다. (명사 · 형용사의 た형 만들기)

			た형
風邪	감기		감기였다
約束	약속		약속이었다
休み	쉬는 날		쉬는 날이었다
上手だ	잘한다		잘했다
きれいだ	예쁘다 / 깨끗하다		예뻤다 / 깨끗했다
暇だ	한가하다		한가했다
有名だ	유명하다		유명했다
真面目だ	성실하다		성실했다
いい	좋다		좋았다
寒い	춥다		추웠다
暑い	덥다		더웠다
面白い	재밌다		재미있었다
うれしい	기쁘다		기뻤다
痛い	아프다		아팠다
難しい	어렵다		어려웠다

 다음 표를 채워 봅시다. (명사 수식형 만들기)

		명사 수식형
歌手	가수였던 사람	_____ 人
新入社員	신입사원이었던 사람	_____ 人
工場	공장이었던 곳	_____ 所
学生	학생이었던 때	_____ 時
雨	비였던 날	_____ 日
元気だ	활기찼던 사람	_____ 人
好きだ	좋아했던 영화	_____ 映画
暇だ	한가했던 일요일	_____ 日曜日
すてきだ	멋졌던 모델	_____ モデル
新鮮だ	신선했던 생선	_____ 魚
痛い	아팠던 치아	_____ 歯
いい	좋았던 곳	_____ 所
かわいい	귀여웠던 고양이	_____ 猫
高い	비쌌던 컴퓨터	_____ パソコン
暑い	더웠던 일본	_____ 日本

제1과
연습

 다음 표를 채워 봅시다. (동사의 た형 만들기)

		た형
話す	말하다	말했다
作る	만들다	만들었다
見る	보다	봤다
死ぬ	죽다	죽었다
読む	읽다	읽었다
行く	가다	갔다
消す	끄다 / 지우다	껐다 / 지웠다
歩く	걷다	걸었다
遊ぶ	놀다	놀았다
待つ	기다리다	기다렸다
する	하다	했다
買う	사다	샀다
泳ぐ	수영하다	수영했다
着る	입다	입었다
来る	오다	왔다

 다음 표를 채워 봅시다. (명사 수식형 만들기)

		명사 수식형
飲む	어제 마신(먹은) 약	昨日 _____ 薬
入る	교실에 들어간 사람	教室に _____ 人
終わる	이미 끝난 수업	もう _____ 授業
ある	책상 위에 있던 책	机の上に _____ 本
いる	교실에 있던 선생님	教室に _____ 先生
会う	어제 만난 친구	昨日 _____ 友達
行く	어제 갔던 식당	昨日 _____ 食堂
教える	선생님이 가르쳤던 단어	先生が _____ 単語
寝る	어제 잔 방	昨日 _____ 部屋
消す	언니가 지운 메시지	姉が _____ メッセージ
食べる	레스토랑에서 먹은 요리	レストランで _____ 料理
聞く	라디오에서 들은 뉴스	ラジオで _____ ニュース
歌う	노래방에서 부른 노래	カラオケで _____ 歌
遊ぶ	친구와 놀았던 곳	友達と _____ 所
読む	작년에 읽은 소설	去年 _____ 小説

제1과

연습

 예 와 같이 문장을 완성하고 읽어보세요. (～た＋명사)

> **예**
>
> 昨日、(食べる・チキン)は 美味しかったです。
> → 昨日、食べたチキンは 美味しかったです。

❶ 授業が（終わる・後^{あと}）、電話して ください。

　→ _____。

❷ ここは、昔（パン屋・店）です。

　→ _____。

❸ 昔（賑^{にぎ}やかだ・町）だが、今は静かだ。

　→ _____。

❹ これは 私が（読みたい・雑誌^{ざっし}）です。

　→ _____。

 예 와 같이 문장을 완성하고 읽어보세요. (～たり ～たり します)

> 예
>
> 週末は たいてい（映画を 見る · 買い物をする）
> → 週末は たいてい 映画を 見たり、買い物を したり します。

❶ 家では たいてい（勉強を する · 家族と 食事をする）

　→ _____ 。

❷ 昼ご飯のメニューは （ラーメン · カレー）します。

　→ _____ 。

❸ アルバイトは（暇だ · 忙しい）します。

　→ _____ 。

❹ 風邪を引くと、（頭が 痛い · お腹が 痛い）します。

　→ _____ 。

제1과

연습

예 와 같이 문장을 완성하고 읽어보세요. (～た方が いいです)

예

A: 頭が 痛いです。
B:(薬を 飲んで 休む) → 薬を 飲んで 休んだ方が いいです。

---

❶ A: 最近、ちょっと 太りました。
　B:(運動する) → _____。

❷ A: 毎日 遅刻して います。
　B:(早く 起きる) → _____。

❸ A: 朝から、熱が あります。
　B:(病院に 行く) → _____。

❹ A: 毎日、3時間くらい ゲームを して います。
　B:(ゲームする 時間を 減らす) → _____。

 예와 같이 문장을 완성하고 읽어보세요. (～た ことが あります)

> 예
>
> (納豆を 食べる)
> A: 納豆を 食べた ことが ありますか。
> B: はい、納豆を 食べた ことが あります。
> 　　いいえ、納豆を 食べた ことは ありません。

❶ (沖縄に 行く)

A: _____。

B: いいえ、_____。

❷ (バイオリンを 習う)

A: _____。

B: はい、_____。

❸ (芸能人を 見る)

A: _____。

B: いいえ、_____。

❹ (日本人と 話す)

A: _____。

B: はい、_____。

제1과

독해

 문장을 읽고 의미를 파악해 보세요.

私は 交換留学生で 1年間 日本に 住んだことが あります。

日本に いた 時、日本人に 韓国語を 教えたことが あります。

韓国語を 教えながら、日本人と 韓国語で 話したり、

一緒に 韓国料理を 作って 食べたり しました。

色々な 料理を 作りましたけど、その中で「チャプチェ」が

一番 人気でした。

一緒に 野菜を 洗ったり 切ったり しながら 韓国と

日本の 料理に ついて たくさん 話しました。

제1과
작문

 다음 문장을 일본어로 바꾸어 써보세요.

❶ 이것은 일본에 갔을 때 샀습니다.

------

❷ 주말은 대개 친구를 만나거나 집에서 책을 읽거나 합니다.

------

❸ 시험날은 좀 더 일찍 일어나는 편이 좋겠습니다.

------

❹ 3년 전에 일본에 간 적이 있습니다.

------

❺ 수업이 끝난 후에 전화해 주세요.

제1과
청해

01 내용을 듣고 맞는 그림을 골라 주세요.

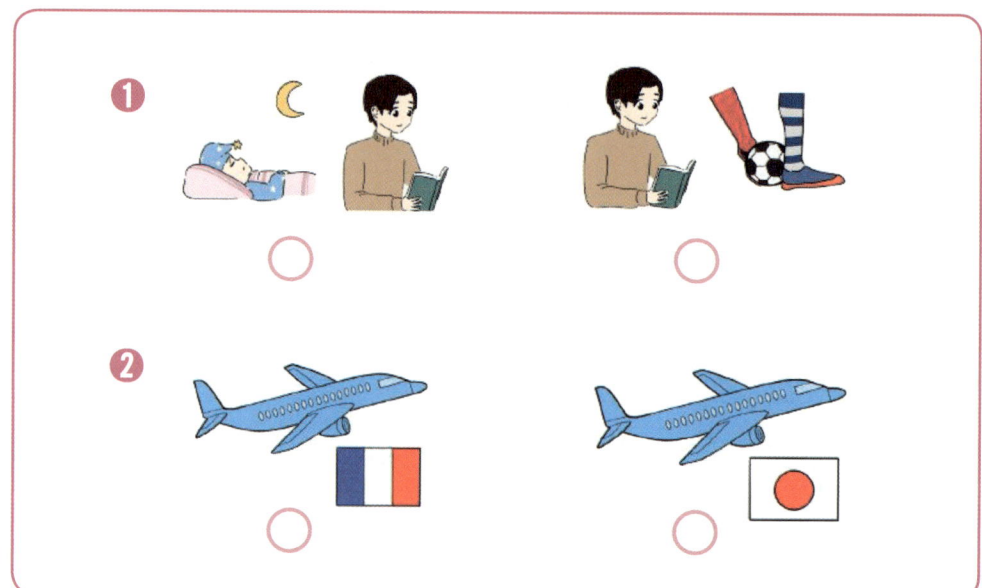

02 대화를 듣고 다음 질문에 대답해 주세요.

❶ キムさんは 昨日 会社が 終わった 後で 何を しましたか。

→ _____。

❷ 昨日 キムさんの 仕事は 忙しかったですか。

→ _____。

漢字

제1과
한자

| 気
기운 기 | き ぶん
気分
기분 | てん き
天気
날씨 | でん き
電気
전기 |

 한자를 쓰면서 읽어 보세요.

け さ 今朝 오늘 아침	今朝	今朝	今朝
しゅ み 趣味 취미	趣味	趣味	趣味
しょう せつ 小説 소설	小説	小説	小説
ふ 降る (눈, 비) 내리다	降る	降る	降る
よ 読む 읽다	読む	読む	読む

쉬어가기 ②
다도

마음을 담은
차 한 잔의 예술

일본의 다도(茶道)는 그저 차를 마시는 시간이 아니에요.
손님을 향한 정성, '오모테나시(おもてなし)'의 정수를 담은
조용한 예술이지요.

일본 전통 가옥에는 정원에
조그마한 건물이 있어요.
다실이라고 부르는 차의 방!
그만큼 다도는 일본 사람에게는
특별한 의식과 같은 일상이었어요.

다도에서 중요한 건 과정이에요.
정해진 순서에 따라 조용히 도구를 준비하고,
인사를 나누고, 물을 데우고, 차를 내요.
이 모든 동작엔 교감과 배려가 담겨 있어요.

거품을 내는 말차

딱딱해 보인다고요?
놀랍게도 다도는 상황과 사람에 따라
유연하게 바뀌는 여유도 가지고 있어요.
그래서 한국과 일본의 다도는 다른 점이 많아요.
하지만 차 한 잔으로
마음을 나눈다는 점에선 참 닮았지요.

찻잎을 우리는 센차

심심할 것 같지만, 알고 보면 꽤 깊고 근사한 세계.
다도는 그 고요함이 말을 걸어오는 문화예요.

제2과

一人で いることが あまり 好きじゃ ないです。

ない형 활용 1:
~ない
~ない+名詞
~なかった+名詞

02

제2과 단어

■ 회화

一人暮らし	ひとりぐらし	자취
寂しい	さびしい	외롭다
大丈夫だ	だいじょうぶだ	괜찮다
週末	しゅうまつ	주말
約束	やくそく	약속
出かける	でかける	외출하다
通う	かよう	다니다

■ 문법

風邪	かぜ	감기
	きれいだ	예쁘다
問題	もんだい	문제
簡単だ	かんたんだ	간단하다
歌	うた	노래
上手だ	じょうずだ	잘하다
遠い	とおい	멀다
画面	がめん	화면
死ぬ	しぬ	죽다
	たばこ	담배
吸う	すう	피우다
甘い	あまい	달콤하다
恋人	こいびと	연인
勉強	べんきょう	공부
赤	あか	빨간색
色	いろ	색
冷たい	つめたい	차갑다
飲み物	のみもの	음료
日	ひ	날
買う	かう	사다
家族旅行	かぞくりょこう	가족 여행

■ 연습

楽だ	らくだ	편하다
優しい	やさしい	친절하다
辛い	つらい	힘들다
覚える	おぼえる	외우다
働く	はたらく	일하다
遊ぶ	あそぶ	놀다
泳ぐ	およぐ	수영하다
知る	しる	알다
受ける	うける	받다
忙しい	いそがしい	바쁘다
体	からだ	몸
調子	ちょうし	상태
無理	むり	무리
付き合う	つきあう	사귀다
料理	りょうり	요리
作る	つくる	만들다
宿題	しゅくだい	숙제
挙げる	あげる	올리다, 들다

■ 독해

姉	あね	누나
大嫌いだ	だいきらいだ	매우 싫다
	～ほど	～정도
性格	せいかく	성격
	～しか	～밖에
両親	りょうしん	부모님
使う	つかう	사용하다
全然	ぜんぜん	전혀
違う	ちがう	다르다
片づける	かたづける	정리하다
	けんか	싸움

제2과

회화

야마다 씨가 윤 씨와 함께 산책을 하며 이야기하고 있다.

山田	ユンさん、一人暮(ひとりぐ)らしは 寂(さび)しく ないですか。
ユン	もちろん 寂しい時も ありますが、私は 大丈夫です。
山田	ユンさんは 週末は 何を しますか。
ユン	約束(やくそく)が ない 日は たいてい 家で 休みます。 山田さんは 週末 何を しますか。
山田	私は 家に 一人で いることが あまり 好きじゃ ないですから、いつも 約束を 作って 出かけます。
ユン	友達に 会いますか。
山田	はい、友達に 会ったり、一人で 運動を したり します。
ユン	運動は ジムで しますか。
山田	いいえ、ジムには 通って いません。

제2과

문법

01 명사, 형용사의 ない형 ~지 않다

명사	명사 + では ない じゃ ない	風邪 風邪では ない 風邪じゃ ない
な형용사	~だ + では ない じゃ ない	きれいだ きれいでは ない きれいじゃ ない
い형용사	~い + くない	痛い 痛く ない

▶ 約束は 今日では ない。

▶ これは 私のじゃ ない。

▶ この 問題は 簡単では ない。

▶ 歌は 上手じゃ ない。

▶ 家から ここまで あまり 遠く ない。

▶ 画面が 大きく ない。

02 동사의 ない형 ~지 않는다

		기본형		ない형	
1그룹	[u]단 어미를 [a]단으로 고친 후 + ない	乗る 待つ 死ぬ 飲む 遊ぶ 聞く 泳ぐ 話す	타다 기다리다 죽다 마시다 놀다 듣다 헤엄치다 이야기하다	→ → → → → → → →	乗らない 待たない 死なない 飲まない 遊ばない 聞かない 泳がない 話さない	타지 않는다 기다리지 않는다 죽지 않는다 마시지 않는다 놀지 않는다 듣지 않는다 헤엄치지 않는다 이야기하지 않는다
	[う] → [わ]로 고친 후 + ない	会う	만나다	→	会わない	만나지 않는다
		※ あるは 예외로 따로 암기한다. ある 있다		→	ない	없다
2그룹	어미 [る]를 빼고 + ない	食べる いる	먹다 있다	→ →	食べない いない	먹지 않는다 없다
3그룹	예외이므로 암기한다	する 来る	하다 오다	→ →	しない 来ない	하지 않는다 오지 않는다

▶ 明日は 学校に 行かない。

▶ 私は たばこを 吸わない。

▶ 甘いパンは 食べない。

▶ 彼は 恋人が いない。

▶ 今日は 勉強しない。

▶ 誰も 来ない。

제2과

문법

03 ない형의 과거 ~지 않았다

- それは 私が 見たい 映画じゃ なかった。
- 福岡の交通は あまり 便利じゃ なかった。
- 昨日 食べたラーメンは 美味しく なかった。
- 昨日は どこへも 行かなかった。

04 ～ない＋명사 / ～なかった＋명사 ~지 않은 / ~지 않았던

- 約束は 雨じゃ ない 日に しましょう。
- 赤は 私が あまり 好きじゃ ない 色です。
- 彼は あまり 冷たく ない 飲み物が 好きです。
- 私は 知らない ことです。

- このバッグは セールじゃなかった 日に 買いました。
- 昔、ここは 交通が 便利じゃ なかった 所です。
- あまり 楽しくなかった 家族旅行でした。
- 昨日 来なかった 人は ハンさんだけです。

Tip

● 명사		
休み　휴일	休みだ 休みではない　＝ 休みじゃない 休みだった 休みではなかった ＝ 休みじゃなかった	휴일이다 휴일이 아니다 휴일이었다 휴일이 아니었다
● な형용사		
きれいだ　예쁘다	きれいだ きれいではない　＝ きれいじゃない きれいだった きれいではなかった ＝ きれいじゃなかった	예쁘다 예쁘지 않다 예뻤다 예쁘지 않았다
● い형용사		
高い　　비싸다/높다	高い 高くない 高かった 高くなかった	비싸다 / 높다 비싸지 않다 / 높지 않다 비쌌다 / 높았다 비싸지 않았다 / 높지 않았다
いい・よい　좋다	いい・よい よくない よかった よくなかった	좋다 좋지 않다 좋았다 좋지 않았다
● 동사		
行く　　가다	行く 行かない 行った 行かなかった	가다, 간다 가지 않는다 갔다 가지 않았다

제2과

연습

 다음 표를 채워 봅시다. (명사・형용사의 ～ない・～なかった)

	～ない (부정)	～なかった (과거부정)
休み 휴일		
外国人 외국인		
子供 아이, 자식		
試験 시험		
元気だ 활달하다, 건강하다		
静かだ 조용하다		
暇だ 한가하다		
真面目だ 성실하다		
便利だ 편리하다		
痛い 아프다		
いい・よい 좋다		
優(やさ)しい 자상하다, 상냥하다		
暑い 덥다		
辛い 맵다		
寂(さび)しい 쓸쓸하다		

 다음 표를 채워 봅시다. (동사의 ～ない・～なかった)

	～ない (부정)	～なかった (과거부정)
飲む　마시다		
来る　오다		
ある　있다		
いる　있다		
会う　만나다		
行く　가다		
話す　이야기하다		
覚える　외우다, 기억하다		
働く　일하다		
遊ぶ　놀다		
待つ　기다리다		
泳ぐ　헤엄치다		
知る　알다		
食べる　먹다		
する　하다		

제2과

연습

 예 와 같이 문장을 완성하고 읽어보세요. (～ない・～なかった ＋ 명사 1)

> 예
>
> 明日（行く✗）人 → 明日 行か**ない**人
> 昨日（行く✗）人 → 昨日 行か**なかった**人

❶ 明日（暇だ✗）人 → ＿＿＿＿＿＿＿＿＿＿＿＿。

　昨日（暇だ✗）人 → ＿＿＿＿＿＿＿＿＿＿＿＿。

❷ 明日（来る✗）人 → ＿＿＿＿＿＿＿＿＿＿＿＿。

　昨日（来る✗）人 → ＿＿＿＿＿＿＿＿＿＿＿＿。

❸ 明日（テストを 受ける✗）人

　→ ＿＿＿＿＿＿＿＿＿＿＿＿。

　昨日（テストを 受ける✗）人

　→ ＿＿＿＿＿＿＿＿＿＿＿＿。

❹ 明日（忙しい✗）人 → ＿＿＿＿＿＿＿＿＿＿＿＿。

　昨日（忙しい✗）人 → ＿＿＿＿＿＿＿＿＿＿＿＿。

 예 와 같이 문장을 완성하고 읽어보세요. (〜ない・〜なかった + 명사2)

> **예**
>
> コーヒーを（飲む + ない）人も いますから、ジュースも 買ってきてください。
>
> → コーヒーを 飲まない 人も いますから、ジュースも 買ってきてください。

❶ 体の調子が（よい + ない）時は 無理しない 方が いいです。

→ _____。

❷ あまり（まじめだ + ない）人は 付き合わない 方が いいです。

→ _____。

❸ 母が（いる + なかった）時は 私が 料理を 作りました。

→ _____。

❹ 宿題を（する + なかった）人は 手を 挙げて ください。

→ _____。

제2과
독해

 문장을 읽고 의미를 파악해 보세요.

私は 姉が 大嫌いです。

今まで 私の姉ほど 性格が 悪い人は 見たことが ないです。

私の家には 部屋が 二つしか ありません。

一つは 両親が 使っていて、

もう 一つは 姉と 私が 使っています。

私たちは 性格が 全然 違います。

私は 使った物は すぐ 片づけますが、

姉は 全然 片づけないです。

それで、私たちは 毎日 けんかを して います。

 제2과

작문

 다음 문장을 일본어로 바꾸어 써보세요.

❶ 이 문제는 간단하지 않다.

----

❷ 어제는 어디에도 가지 않았다.

----

❸ 나는 모르는 일입니다.

----

❹ 그다지 즐겁지 않았던 가족여행이었습니다.

----

❺ 숙제를 하지 않은 사람은 손을 들어주세요.

제2과

청해

01 내용을 듣고 맞는 그림을 골라 주세요.

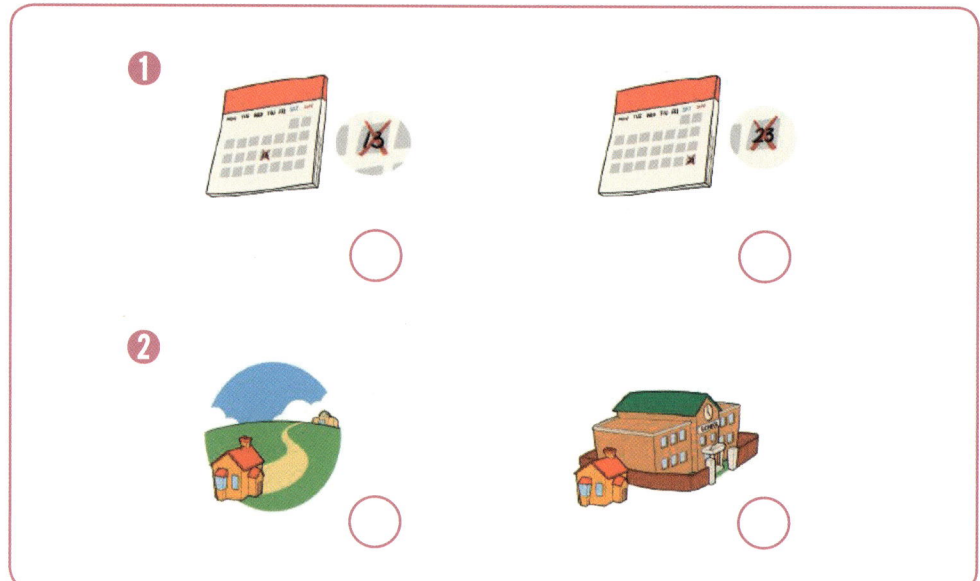

02 대화를 듣고 다음 질문에 대답해 주세요.

❶ キムさんは 佐藤さんの 誕生日 パーティーに 行きましたか。

→ _____。

❷ キムさんは どうして 薬を 飲みましたか。

→ _____。

제2과
한자

| 題
제목 제 | しゅく だい
宿題
숙제 | もん だい
問題
문제 | わ だい
話題
화제 |

 한자를 쓰면서 읽어 보세요.

もん だい 問題 문제	問題	問題	問題
やく そく 約束 약속	約束	約束	約束
しゅく だい 宿題 숙제	宿題	宿題	宿題
あそ 遊ぶ 놀다	遊ぶ	遊ぶ	遊ぶ
はな 話す 말하다	話す	話す	話す

쉬어가기 ③ 하이쿠

17음절에 마음을 담다

하이쿠는 일본 고유의 짧은 시입니다.
5, 7, 5자, 3줄! 단 17자로 구성되죠.
이 짧은 시에 무엇을 담을 수 있을까요?

"단 17음절. 그런데 이상하게 마음에 오래 남는다."
이게 바로 하이쿠의 매력이에요.
너무 짧아서 무심한 것 같지만,
자연과 계절, 시인의 감정과 철학이 다 들어 있어요.
때론 웃기고, 때론 뼈가 있고, 때론 마음이 뭉클해요.

하이쿠의 대가, 에도 시대의 시인
고바야시 잇사의 하이쿠를 감상해 볼까요?

やれ打つな	이런! 때리지 마!
蠅が手をする	파리가 손을 모아 빌고
足をする	발까지 모아 애원하잖아!

파리한테도 연민을 느끼는 마음.
이 짧은 시 안에 유머, 철학, 자비가 다 담겨 있어요.
이런 시를 쓴 사람, 한번 만나보고 싶지 않나요?
또 이런 시도 있어요.

這えば立て	기면 서기를 바라고
立てば歩めの	서면 걷기를 바라는
親心	부모의 마음

짧은 문장인데도, 부모의 사랑과 조급함,
기대와 걱정이 모두 들어 있어요.

어쩌면 하이쿠는 말하지 않는 것으로 더
많은 걸 들려주는 시일지도 몰라요.

하이쿠는 '시를 쓰기엔
너무 바쁜 사람들'에게 딱 맞는
한입 크기 철학일지도 몰라요.
같이 한번 써보지 않을래요?

제3과

健康のためには 運動を しなければ なりません。

ない形活用2:
~ないで
~なくて
~ない方がいい
~なければ なりません

03

제3과 단어

■ 회화

眠い	ねむい	졸리다
特に	とくに	특히
朝	あさ	아침
起きる	おきる	일어나다
大変だ	たいへんだ	힘들다
健康	けんこう	건강
週に	しゅうに	일주일에
3回	さんかい	3회
以上	いじょう	이상
	できれば	가능하면
代わりに	かわりに	대신에

■ 문법

	かける	걸다, 뿌리다
会議	かいぎ	회의
飲み会	のみかい	술자리, 회식
教室	きょうしつ	교실
入る	はいる	들어가다
忘れる	わすれる	잊다
欠席	けっせき	결석
道	みち	길
込む	こむ	붐비다
遅れる	おくれる	늦다
	がっかりする	실망하다
困る	こまる	곤란하다
	オリエンテーション	오리엔테이션
寮	りょう	기숙사
申し込み	もうしこみ	신청
できる	できる	할 수 있다
名前	なまえ	이름
書く	かく	쓰다
住所	じゅうしょ	주소
今回	こんかい	이번
参加	さんか	참가
次	つぎ	다음
必ず	かならず	반드시
必要だ	ひつようだ	필요하다
持つ	もつ	가지다
引く	ひく	끌다

お風呂	おふろ	목욕
甘い	あまい	달콤하다
砂糖	さとう	설탕
入れる	いれる	넣다
邪魔	じゃま	방해
担当者	たんとうしゃ	담당자
会場	かいじょう	회장

■ 연습

寝る	ねる	자다
乗る	のる	타다
階段	かいだん	계단
連絡	れんらく	연락
危ない	あぶない	위험하다
走る	はしる	달리다
心配	しんぱい	걱정
風	かぜ	바람
強い	つよい	강하다
外	そと	밖
出る	でる	나가다/나오다
課長	かちょう	과장(님)
送る	おくる	보내다
昼ご飯	ひるごはん	점심
玉ねぎ	たまねぎ	양파
浴びる	あびる	뒤집어쓰다
疲れる	つかれる	피로하다
残業	ざんぎょう	잔업
期間	きかん	기간
将来	しょうらい	미래, 장래
資格	しかく	자격
取る	とる	취득하다
漢字	かんじ	한자
一生懸命	いっしょうけんめい	열심히

■ 독해

注意	ちゅうい	주의
駐車場	ちゅうしゃじょう	주차장
狭い	せまい	좁다

 제3과

회화

야마다 씨와 다나카 씨가 카페에서 만나 이야기하고 있다.

山田　どうしたんですか。

田中　最近、一日中 眠いです。
　　　特に 朝、起きるのが 一番 大変です。

山田　そうですか。このごろ、運動は して いますか。

田中　いいえ、運動は 忙しくて して いません。

山田　健康のためには 運動を しなければ なりません。
　　　ぜひ して ください。毎日は しなくても いいですが、
　　　週に 3回以上は した方が いいです。
　　　それから、インスタントも 食べないで ください。

田中　はい、わかりました。

山田　あ、コーヒーも できれば 飲まない方が いいです。
　　　代わりに ビタミンを 飲んで ください。

제3과

문법

01 동사의 ない형 + ないで ~지 않고

- ▶ このりんごは 洗わないで 食べても いいです。
- ▶ サラダに ドレッシングを かけないで 食べます。
- ▶ 子供の時は、勉強 しないで、遊んでいました。
- ▶ 会議には 来ないで 飲み会には 来ました。

02 동사의 ない형 + ないで ください ~지 말아 주세요, ~지 마세요

- ▶ 授業中ですから、教室に まだ 入らないで ください。
- ▶ 今日 出した 宿題は 忘れないで ください。
- ▶ これからは 欠席も 遅刻も しないで ください。
- ▶ 道が 込みますから こちらに 来ないで ください。

03 동사의 ない형 + なくて ~지 않아서

- ▶ グーグルマップを 見ても 道が わからなくて、約束に 遅れました。
- ▶ 富士山が 見えなくて がっかり しました。
- ▶ うちの子は 勉強しなくて 困っています。
- ▶ オリエンテーションに 来なくて 寮の 申し込みが できませんでした。

04 동사의 ない형 + なくてもいいです ~지 않아도 됩니다

- ▶ 名前は 書かなければ なりませんが、住所は 書かなくても いいです。
- ▶ 明日は 休みですから 早く 起きなくても いいです。
- ▶ 今回は 参加しなくても いいですが、次は 必ず 参加して ください。
- ▶ ノートパソコンは 必要じゃ ないですから、持って こなくても いいです。

제3과

문법

05 동사의 ない형 + ない方が いいです　~지 않는 편이 좋습니다

- ▶ 風邪を引いた時は、お風呂に 入らない方が いいです。
- ▶ 甘いですから 砂糖は これ以上 入れない方が いいです。
- ▶ 彼は 今 忙しいですから、何度も 電話しない方が いいです。
- ▶ 邪魔ですから、今日は 来ない方が いいです。

> **Tip 충고 & 조언**
>
> 동사 た형 + た方が いいです。　~(하)는 편이 좋습니다.

06 동사의 ない형 + なければ なりません　~지 않으면 안 됩니다, ~해야 합니다

- ▶ 外国に 行く時は、パスポートを 持って 行かなければ なりません。
- ▶ ダイエットのために 野菜を 食べなければ なりません。
- ▶ 健康のために 運動を しなければ なりません。
- ▶ 担当者は 会場に 9時までに 来なければ なりません。

> **Tip 명사 + の ために　~을 위해서**
>
> ダイエットのために　　다이어트를 위해서
> 健康のために　　　　건강을 위해서

Tip

ない형	문형	
飲む → 飲ま	ないです。 なかったです。	마시지 않습니다. 마시지 않았습니다.
	ないで ないでください。	마시지 않고 마시지 말아 주세요
	なくて なくても いいです。	마시지 않아서 마시지 않아도 됩니다.
	ないほうが いいです。 なければ なりません。	마시지 않는 편이 좋습니다. 마시지 않으면 안 됩니다. / 마셔야만 합니다.

■ 〜ないで VS 〜なくて

▶ 〜ないで　〜하지 않고 (상태)

　勉強しないで 遊んで います。

▶ 〜なくて　(원인) 〜하지 않아서 (결과)

　勉強しなくて 困って います。

제3과

연습

 예 와 같이 문장을 완성하고 읽어보세요. (~ないで)

> 예
>
> 学校に 行く⊗。家で 休みました。
> → 学校に 行かないで、家で 休みました。

❶ 宿題を する⊗。寝ました。

　→ _____ 。

❷ 砂糖を 入れる⊗。コーヒーを 飲みます。

　→ _____ 。

❸ エレベーターに 乗る⊗。階段で 行きます。

　→ _____ 。

❹ 母に 連絡する⊗。友達の家へ 遊びに 行きました。

　→ _____ 。

 예 와 같이 문장을 완성하고 읽어보세요. (〜ないで ください)

> 예
>
> 危ないです ・ 走る
> → 危ないですから、走らないで ください。

❶ 大丈夫です ・ 心配する

→ _____ 。

❷ 風が 強いです ・ 外に 出る

→ _____ 。

❸ 授業が あります ・ 欠席する

→ _____ 。

❹ 風邪です ・ 無理する

→ _____ 。

제3과
연습

 예와 같이 문장을 완성하고 읽어보세요. (~なくても いいです。)

> **예**
> A: 課長に 電話を しなければ なりませんか。
> B: (メールを 送る ・ 電話を する ⓧ)
>   → いいえ、メールを 送りましたから、電話は しなくても いいです。

❶ A: 今日も バイトに 行かなければ なりませんか。
　 B: (休み ・ バイトに 行く ⓧ)
　　　→ _____ 。

❷ A: 昼ご飯を 食べますか。
　 B: (朝ご飯を 遅く 食べる ・ 昼ご飯は 食べる ⓧ)
　　　→ _____ 。

❸ A: ノートに 書かなければ なりませんか。
　 B: (プリントが ある ・ ノートに 書く ⓧ)
　　　→ _____ 。

❹ A: 玉ねぎも 買いますか。
　 B: (玉ねぎは 家に ある ・ 買う ⓧ)
　　　→ _____ 。

 예 와 같이 문장을 완성하고 읽어보세요. (～ない方が いいです。)

> **예**
> A: お腹が 痛いです。
> B:（何も 食べない）
> → 何も 食べない方が いいです。

❶ A: 悪い 夢を 見ました。
　B:（どこにも 行かない）
　　→ _____。

❷ A: 風邪を引きました。
　B:（シャワーを 浴びない）
　　→ _____。

❸ A: 最近、疲れて います。
　B:（残業を しない）
　　→ _____。

❹ A: 明日から テスト期間です。
　B:（ゲームを しない）
　　→ _____。

제3과

연습

 예 와 같이 문장을 완성하고 읽어보세요. (～なければ なりません。)

> 예
>
> 健康 ・ 野菜を 食べる
> → 健康のために 野菜を 食べなければ なりません。

❶ 将来 ・ 色々な資格を 取る

→ _____ 。

❷ 日本語能力試験 ・ 漢字を 覚える

→ _____ 。

❸ 次の日 ・ 早く 寝る

→ _____ 。

❹ 家族 ・ 一生懸命 働く

→ _____ 。

Memo

제3과
독해

 문장을 읽고 의미를 파악해 보세요.

皆さん！試験の日は 遅刻 しないで ください。

試験は 9時からですが、8時 30分までに 教室に

入らなければ なりません。

時間に 注意して くださいね。

それから、IDカードも 忘れないで ください。

また 駐車場が 狭いですから、

車は 持って 来ないで ください。

제3과

작문

 다음 문장을 일본어로 바꾸어 써보세요.

❶ 이 사과는 씻지 않고 먹어도 됩니다.
　--

❷ 후지산이 보이지 않아서 실망했습니다.
　--

❸ 노트북은 필요 없기 때문에 가지고 오지 않아도 됩니다.
　--

❹ 감기 걸렸을 때는 목욕하지 않는 편이 좋습니다.
　--

❺ 다이어트를 위해 야채를 먹지 않으면 안 됩니다.
　--

제3과
청해

01 내용을 듣고 맞는 그림을 골라 주세요.

02 대화를 잘 듣고 다음 질문에 대답해 주세요.

❶ ヨガクラスを 予約する時 何を 書かなければ なりませんか。

→ _____。

❷ ヨガクラスを 予約する時 住所も 書かなければ なりませんか。

→ _____。

 제3과
한자

| 無
없을 무 | むり
無理
무리 | むりょう
無料
무료 | むし
無視
무시 |

 한자를 쓰면서 읽어 보세요.

けんこう 健康 건강	健康	健康	健康
きょうしつ 教室 교실	教室	教室	教室
けっせき 欠席 결석	欠席	欠席	欠席
じゅうしょ 住所 주소	住所	住所	住所
たんとうしゃ 担当者 담당자	担当者	担当者	担当者

쉬어가기 ④
샤미센

가슴을 박차고 튀어오르는 전율

일본 전통 악기 샤미센(三味線)은 기타처럼 생겼어요.
중국에서 오키나와를 거쳐 일본 본토로 전해졌고,
일본식으로 다듬어져 지금의 모습이 되었지요.

그림 속 연주자가 연주하는 악기가 샤미센이에요.
줄은 딱 세 개. 네모난 나무 상자에 동물 가죽을 팽팽히
씌운 몸통, 그리고 그 위로 실크로 만든 줄이 걸려 있어요.

줄을 연주할 때는 손가락이 아니라 '바치'라고 부르는
넓고 납작한 피크를 사용해 '퉁—' 하고 튕기듯
소리를 내요. 상아나 물소 뿔 같은 재료로 만들어
소리 자체도 무척 특별하지요.

샤미센의 소리는 짧고 단호해요.
잔음이 길지 않아서 감정을 빠르고
선명하게 전달해요.
섬세하고 절제된 표현을 중요하게 여기는
일본의 미의식과 잘 어울리는 악기예요.

오래됐지만, 낡지 않은 소리. 샤미센은 아주 특별한 악기예요.

흥미로운 건, 샤미센이 요즘 음악과도
자연스럽게 어울린다는 점이에요.
강한 비트나 빠른 템포 속에서도
샤미센 특유의 날카롭고 깊은 소리가
의외의 존재감을 보여주거든요.
그래서 전통 악기인데도
요즘 젊은 세대도 멋지다고 느끼고 배워요.

제4과

来年は 英語を 習うつもりです。

동사 의지형
~ようと思う
~つもりだ
~ために

04

제4과

단어

■ 회화

新年	しんねん	신년, 새해
習う	ならう	배우다
出勤	しゅっきん	출근
	つもり	작정, 예정
	〜より	〜보다

■ 문법

待つ	まつ	기다리다
	ぐっすり	푹(잠든 모양)
教科書	きょうかしょ	교과서
単語	たんご	단어
練習	れんしゅう	연습
曲	きょく	곡
	マスター	마스터
同僚	どうりょう	동료
山登り	やまのぼり	등산
	オープンキャンパス	오픈 캠퍼스
お水	おみず	물
資料	しりょう	자료
集める	あつめる	모으다
	やせる	살 빼다
始める	はじめる	시작하다
今後	こんご	앞으로
続ける	つづける	계속하다

■ 연습

	もらう	받다
予約	よやく	예약
急ぐ	いそぐ	서두르다
借りる	かりる	빌리다
手伝う	てつだう	돕다
辞める	やめる	그만두다
帰る	かえる	돌아가다
頑張る	がんばる	열심히 하다
払う	はらう	지불하다
	ダイエット	다이어트
海外旅行	かいがいりょこう	해외 여행
運転免許	うんてんめんきょ	운전 면허
お酒	おさけ	술

■ 독해

	もっと	더
多い	おおい	많다
	〜ずつ	〜씩

제4과

회화

야마다 씨와 윤 씨가 내년의 계획에 관해 이야기하고 있다.

山田　もうすぐ 新年(しんねん)ですが、ユンさんは 来年から したいことが ありますか。

ユン　はい、来年は フランス語を 習(なら)うつもりです。

山田　それは いいですね。

ユン　山田さんは どうですか。

山田　私は 車を 買おうと 思っています。

ユン　どんな車が 買いたいですか。

山田　出勤(しゅっきん)のために 買う車ですから、小さい車を 買うつもりです。

ユン　そうですね。大きい車よりは 小さい車の方が 便利です。

제4과 문법

01 동사의 의지형 ~해야지(의지) / ~하자(권유)

		기본형		의지형	
1그룹	[u]단 어미를 [o]단으로 고친 후 +う	乗る 待つ 飲む 遊ぶ 泳ぐ 話す	타다 기다리다 마시다 놀다 헤엄치다 이야기하다	→ → → → → →	乗ろう 待とう 飲もう 遊ぼう 泳ごう 話そう	타야지 / 타자 기다려야지 / 기다리자 마셔야지 / 마시자 놀아야지 / 놀자 헤엄쳐야지 / 헤엄치자 이야기해야지 / 이야기하자
2그룹	어미 [る]를 빼고 +よう	食べる 寝る	먹다 자다	→ →	食べよう 寝よう	먹어야지 / 먹자 자야지 / 자자
3그룹	예외이므로 암기한다	する 来る	하다 오다	→ →	しよう 来よう	해야지 / 하자 와야지 / 오자

Ⓐ ~해야지 (의지)

▶ 友達が 来るまで ここで 待とう。

▶ 今日は ぐっすり 寝よう。

▶ これからは 一生懸命に 勉強しよう。

▶ 学生が 何を しているか ちょっと 見て来よう。

Ⓑ ~하자 (권유)

▶ そろそろ 家に 帰ろう。

▶ 教科書の 単語を 全部 覚えよう。

▶ 一緒に 練習して この 曲を マスターしよう。

▶ 来年 また 一緒に 来よう。

02 　동사의 의지형 + と 思います。　~(하)려고 생각합니다

- 今度の週末、同僚と 山登りに 行こうと 思います。
- 今年は JLPTのN2を 受けようと 思います。
- 来年、日本に 留学しようと 思います。
- オープンキャンパスに 行って 来ようと 思います。

03 　명사 + の ために　　~을 위해서
　　　명사 기본형 + ために　~(하)기 위해서

- 健康のために お水を たくさん 飲んだ方が いいです。
- プレゼンテーションのために 資料を 集めて います。
- やせるために 一生懸命 運動を して います。
- 留学に 行くために 日本語の勉強を 始めました。

제4과

문법

04 동사의 기본형 + つもりです。　~할 작정입니다, ~할 생각입니다
동사의 ない형 + ないつもりです。　~지 않을 작정입니다

▶ 今後も 日本語は 続けるつもりです。

▶ 健康のために 早く 寝て 早く 起きるつもりです。

▶ 来月から ジムで 運動を するつもりです。

▶ やせるために これから デザートは 買って 来ないつもりです。

> **Tip** 의지 표현
>
> ★ 명사 + のために + 동사의 기본형 + つもりです。
> ＝ 명사 + のために + 동사의 의지형 + と 思います。
>
> ▶ 健康のために 早く 寝て 早く 起きるつもりです。
> ＝ 健康のために 早く 寝て 早く 起きようと 思います。

Memo

제4과

연습

 다음표를 채워 봅시다. (동사 의지형 만들기)

기본형	의지형	기본형	의지형
寝る 자다		買う 사다	
送る 보내다		行く 가다	
話す 이야기하다		見る 보다	
休む 쉬다		遊ぶ 놀다	
もらう 받다		帰る 돌아가(오)다	
受ける 받다, 시험보다		頑張る 분발하다	
予約する 예약하다		来る 오다	
急ぐ 서두르다		会う 만나다	
借りる 빌리다		持っていく 가져가다	
手伝う 돕다		始める 시작하다	
辞める 그만두다		払う 지불하다	
呼ぶ 부르다		見せる 보여주다	
出す 내다		飲む 마시다	
言う 말하다		取る 따다, 취득하다	
入る 들어가(오)다		運動する 운동하다	

 예 와 같이 문장을 완성하고 읽어보세요. (~하자[권유])

> 예
> 早く 行きましょう。 → 早く 行こう。

❶ 12時に 会いましょう。

→ _____。

❷ 一緒に 帰りましょう。

→ _____。

❸ ゆっくり 話しましょう。

→ _____。

❹ 悪いことは 忘れましょう。

→ _____。

제4과

연습

 예와 같이 문장을 완성하고 읽어보세요. (동사의 의지형 + と 思います)

> **예**
>
> 今日は 早く 家に 帰って、早く 寝る。
> → 今日は 早く 家に 帰って、早く 寝ようと 思っています。

❶ 明日から ダイエットする。

→ _____。

❷ 夏休みに 海外旅行に 行く。

→ _____。

❸ 日本語能力試験を 受ける。

→ _____。

❹ 来年は 運転免許を 取る。

→ _____。

 예와 같이 문장을 완성하고 읽어보세요. (〜ために / 〜つもりです。)

예
A: 健康のために 何を しますか。
B: (運動を します)
  → 健康のために 運動を するつもりです。

❶ A: 健康のために 何を しますか。
  B: (野菜を 食べます)
    → _____。

❷ A: 健康のために 何を しますか。
  B: (お酒を 飲みません)
    → _____。

❸ A: 健康のために 何を しますか。
  B: (お水を たくさん 飲みます)
    → _____。

❹ A: 健康のために 何を しますか。
  B: (ジムに 通います)
    → _____。

제4과
독해

 문장을 읽고 의미를 파악해 보세요.

私は 来年 日本語能力試験を 受けるつもりですから、

もっと がんばって 勉強しようと 思います。

今までは 遅刻が 多かったですが、

これから 遅刻を しないつもりです。

今までは 単語を あまり 覚えなかったですが、

これから 毎日 少しずつ 覚えようと 思っています。

今までは 宿題も 全然 しなかったですが、

これから 宿題も ちゃんと しようと 思います。

제4과
작문

 다음 문장을 일본어로 바꾸어 써보세요.

❶ 친구가 올 때까지 여기서 기다려야지.

❷ 교과서 단어를 전부 외우자.

❸ 살 빼기 위해 열심히 운동을 하고 있습니다.

❹ 오늘은 일찍 집에 돌아가서 빨리 자려고 생각하고 있습니다.

❺ 건강을 위해 물을 많이 마실 작정입니다.

제4과

청해

01 내용을 듣고 맞는 그림을 골라 주세요.

02 대화를 듣고 다음 질문에 대답해 주세요.

❶ 松岡さんは 今度の 冬休みに 何を しようと 思いますか。

　　→ _____ 。

❷ 松岡さんは 長野が どんな 所だと 言って いますか。

　　→ _____ 。

 제4과
한자

| 物
물건 물 | どう ぶつ
動物
동물 | しょく ぶつ
植物
식물 | しな もの
品物
물건, 상품 |

 한자를 쓰면서 읽어 보세요.

しん ねん 新年 신년	新年	新年	新年
しゅっ きん 出勤 출근	出勤	出勤	出勤
りゅう がく 留学 유학	留学	留学	留学
れん しゅう 練習 연습	練習	練習	練習
なら 習う 배우다	習う	習う	習う

쉬어가기 ⑤

일본의 만화

전 세계 팬들의 사랑을 받는 복합 콘텐츠!

'만화' 하면 가장 먼저 떠오르는 나라? 단연 일본이죠.
〈귀멸의 칼날〉,〈드래곤볼〉,〈슬램덩크〉,〈나루토〉,
〈진격의 거인〉,〈도라에몽〉… 하나하나 말하기도 힘들 만큼 많아요.

나는 너구리가 아냐!
고양이형 로봇이지!

그럼 난 팥빵이나
사러 가야겠다.

많은 작품 중 한둘은 읽었거나, 적어도 캐릭터 이름은 들어봤을 거예요.
이 작품들이 전 세계를 휩쓸면서, 일본 만화는 단순한 오락을 넘어서
하나의 문화 현상이 되었어요.

재미있는 건, 일본 만화는 어린이용에서 끝나지 않는다는 거예요.
어른들을 위한 만화도 아주 다양해요. 공상과학, 미스터리,
요리, 스포츠, 로맨스, 정치까지,
세상에 존재하는 거의 모든 장르를 다루죠.

안녕! 나야 손오공!

만화가 특별한 이유는 뭘까요?
눈빛, 표정, 칸 구성 같은 시각적 연출로
감정을 찌르듯 전달할 수 있다는 점이에요.
딱 한 컷, 한 장면만으로도 마음이 울컥해지고,
깊이 기억에 남는 힘. 그게 만화예요.

요즘은 인공지능이 배경을 그려주고
색을 입혀주기도 해요. 하지만
스토리와 감정, 그건 여전히
사람의 손에서 나와요. 그래서
만화는 지금도, 그리고 앞으로도
가장 직관적으로 마음을 움직이는
예술로 남을 거예요.

아직 일본 만화를
잘 모른다고요? 괜찮아요.
단 한 권이더라도 푹 빠져서 읽다 보면,
그 다음은 멈추기가 어려울 테니까요.
만화는 가볍지 않아요. 가볍게
시작해도, 깊게 빠지게 되죠.

제5과

今は 大丈夫？
<small>だい じょう ぶ</small>

보통형

제5과 단어

■ 회화

塾	じゅく	학원
急に	きゅうに	갑자기
遅い	おそい	늦다
病院	びょういん	병원
下がる	さがる	내리다

■ 문법

	ゆっくり	천천히
	なる	되다
職業	しょくぎょう	직업
医者	いしゃ	의사
親切だ	しんせつだ	친절하다
掃除	そうじ	청소
最近	さいきん	최근
仕事	しごと	일
天気	てんき	날씨

■ 연습

面白い	おもしろい	재미있다
難しい	むずかしい	어렵다
厳しい	きびしい	엄격하다
寒い	さむい	춥다
下手だ	へただ	서투르다
低い	ひくい	낮다
分かる	わかる	알다
英語	えいご	영어
元気だ	げんきだ	건강하다
文法	ぶんぽう	문법
靴	くつ	신발
交通費	こうつうひ	교통비
安い	やすい	싸다
楽しい	たのしい	즐겁다

■ 독해

	ピクニック	피크닉
曇る	くもる	흐리다
朝	あさ	아침
午後	ごご	오후
	おにぎり	주먹밥
	からあげ	닭튀김
妹	いもうと	여동생
	バドミントン	배드민턴
今度	こんど	이번

제5과

회화

학원친구인 요스케 씨와 박 씨가 이야기하고 있다.

ヨウスケ　昨日は 何で 塾に 来なかった？

パク　　　行く つもりだったけど、学校から帰って 急に 熱が 出て しまって。

ヨウスケ　そうだったんだ。みんな、心配していたよ。

パク　　　塾に 連絡するのが 遅くて。

ヨウスケ　今は 大丈夫？

パク　　　うん、今朝、病院に 行って 薬を もらって 飲んだよ。

ヨウスケ　熱は 下がった？

パク　　　うん、もう 大丈夫。

제5과

문법

01 보통형과 정중형

Ⓐ 명사

		보통형	정중형
현재	긍정	休みだ	休みです
	부정	休みじゃ ない	休みじゃ ありません
과거	긍정	休みだった	休みでした。
	부정	休みじゃ なかった	休みじゃ ありませんでした

▶ 今日は 休みだ。ゆっくり 休もう。

▶ あの方は 学生じゃ ない。

▶ 子供の時、なりたかった職業(しょくぎょう)は 医者だった。

▶ 昨日は 雨じゃ なかった。

Ⓑ な형용사

		보통형	정중형
현재	긍정	きれいだ	きれいです
	부정	きれいじゃ ない	きれいじゃ ありません
과거	긍정	きれいだった	きれいでした
	부정	きれいじゃ なかった	きれいじゃ ありませんでした

▶ 日本語の先生は いつも 親切(しんせつ)だ。

▶ 田中さんは ピアノが 上手じゃ ない。

▶ 子供の時、サッカーが 好きだった。

▶ 掃除(そうじ)の前は、きれいじゃ なかった。

C い형용사

		보통형	정중형
현재	긍정	高い	高いです
	부정	高く ない	高く ありません
과거	긍정	高かった	高かったです
	부정	高く なかった	高く ありませんでした

▶ 最近 仕事が 忙しい。

▶ 今日は、どこへも 行きたく ない。

▶ 昨日の 天気は 悪かった。

▶ 映画は あまり 面白く なかった。

D 동사

		보통형	정중형
현재	긍정	降る	降ります
	부정	降らない	降りません
과거	긍정	降った	降りました
	부정	降らなかった	降りませんでした

▶ 今、雨が 降っている。

▶ これは 高いから 買わない。

▶ ちょっと 疲れた。

▶ 昨日は どこへも 行かなかった。

제5과

문법

Tip

정중형	보통형
～てもいいです (~해도 됩니다)	～てもいい (~해도 돼)
～てはいけません (~해서는 안 됩니다)	～てはいけない (~해서는 안 돼, ~하면 안 돼)
～た方がいいです (~하는 편이 좋습니다)	～た方がいい (~하는 편이 좋아)
～ない方がいいです (~하지 않는 편이 좋습니다)	～ない方がいい (~하지 않는 편이 좋아)
～たことがあります (~한 적이 있습니다)	～たことがある (~한 적이 있어)
～たことはありません (~한 적은 없습니다)	～たことはない (~한 적은 없어)
～なければなりません (~하지 않으면 안 됩니다, ~해야 합니다)	～なければならない (~하지 않으면 안 돼, ~해야 해)
～なくてもいいです (~하지 않아도 됩니다)	～なくてもいい (~하지 않아도 돼)

Memo

제5과
연습

 다음 표를 채워 봅시다. (명사 / な형용사 / い형용사 활용)

현재 긍정 学生だ まじめだ やさしい	현재 부정 学生じゃ ない まじめじゃ ない やさしく ない	과거 긍정 学生だった まじめだった やさしかった	과거 부정 学生じゃ なかった まじめじゃ なかった やさしく なかった
暇だ　한가하다			
先生　선생님			
元気だ　활달하다			
面白い　재미있다			
暑い　덥다			
休み　쉬는 날			
難しい　어렵다			
上手だ　능숙하다			
いい　좋다			
便利だ　편리하다			
静かだ　조용하다			
厳しい　엄격하다			
寒い　춥다			
雨　비			
有名だ　유명하다			

 다음 표를 채워 봅시다. (동사 활용)

현재 긍정 起きる	현재 부정 起きない	과거 긍정 起きた	과거 부정 起きなかった
行く　　가다			
食べる　먹다			
する　　하다			
買う　　사다			
待つ　　기다리다			
遊ぶ　　놀다			
来る　　오다			
死ぬ　　죽다			
帰る　　돌아가(오)다			
飲む　　마시다			
泳ぐ　　헤엄치다			
降る　　(비·눈) 내리다			
知る　　알다			
いる　　있다			
ある　　있다			

제5과

연습

 예 와 같이 문장을 완성하고 읽어보세요. (보통형 1)

> 예
>
> A: 分かる？
> B: うん、分かる。
> 　　ううん、分からない。

❶ A: 今日、時間ある？

　B: ううん、＿＿＿＿＿＿＿＿＿＿＿。

❷ A: 今日、忙しい？

　B: うん、＿＿＿＿＿＿＿＿＿＿＿。

❸ A: 明日は 雨？

　B: ううん、＿＿＿＿＿＿＿＿＿＿＿。

❹ A: 今日、図書館に 行く？

　B: うん、＿＿＿＿＿＿＿＿＿＿＿。

 예 와 같이 문장을 완성하고 읽어보세요. (보통형 2)

> 예
> A：試験はどうだった？
> B：(文法は簡単だ・漢字はやさしくない)
> → 文法は簡単だったけど、漢字はやさしくなかった。

❶ A：日本語の先生はどうだった？
B：(ハンサムだ・やさしくない)
→ _____ 。

❷ A：買い物はどうだった？
B：(靴は高い・かばんは安い)
→ _____ 。

❸ A：旅行はどうだった？
B：(食べ物はおいしい・交通費は安くない)
→ _____ 。

❹ A：学校はどうだった？
B：(先生は厳しい・勉強は楽しい)
→ _____ 。

제5과

연습

예 와 같이 문장을 완성하고 읽어보세요. (보통형 3)

> 예
>
> A：先生に 話した方が いい？
> B：ううん、先生には 話さない方がいい。

❶ A： 帰ってもいい？

　B： ううん、＿＿＿＿＿＿＿＿＿＿＿＿＿＿＿＿。

❷ A： 日本に 行ったこと ある？

　B： ううん、＿＿＿＿＿＿＿＿＿＿＿＿＿＿＿＿。

❸ A： 薬を 飲んだ方がいい？

　B： ううん、＿＿＿＿＿＿＿＿＿＿＿＿＿＿＿＿。

❹ A： 毎日 ジムに 行かなければならない？

　B： ううん、＿＿＿＿＿＿＿＿＿＿＿＿＿＿＿＿。

Memo

제5과

독해

 문장을 읽고 의미를 파악해 보세요.

昨日は 家族で ピクニックに 行った。

朝は 曇っていたので、雨が 心配だったけど、

午後には とても いい 天気に なった。

母が 作った おにぎりと からあげが おいしくて

妹と 全部 食べた。

それから 父と バドミントンもして 楽しかった。

 제5과

작문

 다음 문장을 일본어로 바꾸어 써보세요.

❶ 어제는 비가 아니었다.

❷ 이것은 비싸기 때문에 안 사.

❸ 어제는 어디에도 가지 않았다.

❹ 문법은 간단했지만, 한자는 쉽지 않았다.

❺ 음식은 맛있었지만, 교통비는 싸지 않았다.

제5과
청해

01 내용을 듣고 맞는 그림을 골라 주세요.

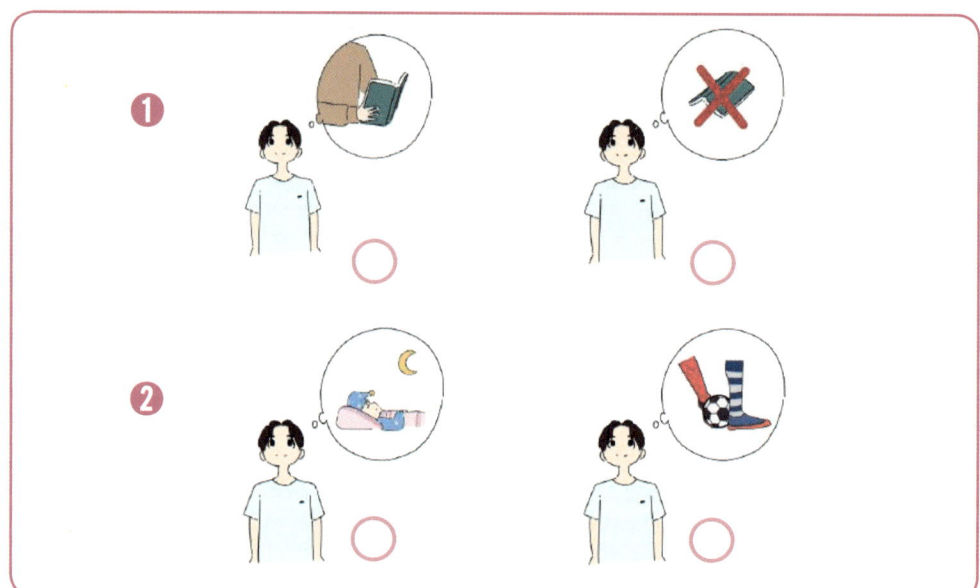

02 대화를 듣고 다음 질문에 대답해 주세요.

❶ 男性と 女性は 明日、どこで 会いますか。

→ _____。

❷ 男性は どうして 女性と 会う約束を しましたか。

→ _____。

제5과
한자

| 通 통할 통 | 交通 (こうつう) 교통 | 通う (かよう) 다니다 | 通る (とおる) 지나가다 |

한자를 쓰면서 읽어 보세요.

そうじ 掃除 청소	掃除	掃除	掃除
じゅく 塾 학원	塾	塾	塾
かんたん 簡単 간단	簡単	簡単	簡単
つか 疲れる 지치다, 피곤하다	疲れる	疲れる	疲れる
むずか 難しい 어렵다	難しい	難しい	難しい

쉬어가기 ⑥ 코스프레

현실과 환상이 만나는 순간

주말에 뱀파이어로 변신하는 과장님?
출근 땐 평범한 정장 차림이던 사람이, 주말엔 긴 송곳니에 검은 망토를 두르고
나타난다면 놀랄 수밖에 없죠. 하지만 일본에서는 이게 아주 자연스러운 일!
바로 코스프레(Cosplay) 문화예요.

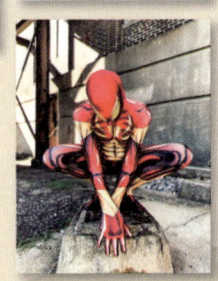

코스프레는 단순한
분장 놀이가 아니에요.
자신이 좋아하는 캐릭터로 완전히
변신하는 예술적인 표현 방식이죠.
의상, 소품, 가발, 메이크업…
모두 직접 준비하는 사람도 많아요.

매년 8월, 나고야 칸논사 앞에서는
세계 각국의 코스플레이어(코스어)들이 모여
만화와 게임이 현실이 되는 하루를 즐겨요.
누구도 "저 사람 왜 저래?" 하지 않고,
"멋지다, 무슨 캐릭터예요?"라며 서로를 응원하죠.
때론 길거리에서 즉흥 연기를 펼치는
실시간 배틀(!)도 벌어져요.

도쿄의 이케부쿠로와 아키하바라는
코스프레의 성지예요.
필요한 건 뭐든 구할 수 있고,
전문 촬영 스튜디오도 즐비해요.

코스프레는
단순한 놀이가 아니라
취향을 존중하고, 나를 표현하며,
팬들끼리 연결되는
특별한 문화예요.

제6과
変な味が したんです。

조건표현1 (~たら)
~んです
~ので
~のに

06

제6과 단어

■ 회화

牛乳	ぎゅうにゅう	우유
変だ	へんだ	이상하다
味	あじ	맛
賞味期限	しょうみきげん	유통기한
過ぎる	すぎる	지나가다
	つい	그만, 무심결에
	もうすぐ	곧
夏	なつ	여름
気を付ける	きをつける	조심하다
	たぶん	아마

■ 문법

散歩	さんぽ	산책
値段	ねだん	가격
空港	くうこう	공항
着く	つく	도착하다
実は	じつは	사실은
	ファン	팬
寝不足	ねぶそく	수면 부족
顔色	かおいろ	안색
用事	ようじ	용무
誕生日	たんじょうび	생일
	ヒーター	히터
	つける	켜다
話す	はなす	말하다
半袖	はんそで	반팔

■ 연습

春	はる	봄
大人	おとな	어른
暖かい	あたたかい	따뜻하다
当たる	あたる	맞다
止む	やむ	그치다
一緒に	いっしょに	함께
野球	やきゅう	야구
駅	えき	역
朝寝坊	あさねぼう	늦잠
重要だ	じゅうようだ	중요하다
映画館	えいがかん	영화관
声	こえ	목소리
歌う	うたう	노래하다
落ちる	おちる	떨어지다
結婚記念日	けっこんきねんび	결혼기념일

■ 독해

| 一度も | いちども | 한 번도 |
| 呼ぶ | よぶ | 부르다 |

제6과

회화

김 씨와 요스케 씨가 주방에서 이야기한다.

キム　　　ヨウスケさん、どうして 昼ご飯を 食べないんですか。

ヨウスケ　朝から、お腹が 痛いんです。

キム　　　昨日、何を 食べたんですか。

ヨウスケ　昨日、牛乳を 飲んだんですけど、

　　　　　少し 変な味が したんです。

　　　　　賞味期限が 過ぎていたのに、いいかなと思って つい…。

　　　　　でも、薬を 飲んだので、もうすぐ よくなると思います。

キム　　　夏は 食べ物に 気を付けた方が いいですよ。

　　　　　少しでも 変だと思ったら、食べないでください。

ヨウスケ　は〜〜い。

キム　　　病院には 行かなくても いいですか。

ヨウスケ　たぶん 大丈夫だと 思います。

제6과

문법

01 〜たら ~라면, ~하면

명사	명사 + だったら 명사 + じゃ なかったら	風邪 風邪だったら 風邪じゃ なかったら	감기 감기면 감기가 아니면
な형용사	〜だ + だったら 〜だ + じゃ なかったら	暇だ 暇だったら 暇じゃ なかったら	한가하다 한가하면 한가하지 않으면
い형용사	〜い + かったら 〜い + く なかったら	高い 高かったら 高く なかったら	비싸다 비싸면 비싸지 않으면
동사	た형 + たら ない형 + なかったら	帰る 帰ったら 帰らなかったら	돌아가다 돌아가면 돌아가지 않으면

▶ 明日 いい 天気だったら、一緒に 散歩しませんか。

▶ 風邪じゃ なかったら、プールに 行きたいです。

▶ もし 明日 暇だったら 一緒に お茶でも 飲みませんか。

▶ 無理じゃ なかったら、土曜日に また 来てください。

▶ 値段が 高かったら、買わないつもりです。

▶ 体の 調子が よく なかったら 来なくても いいです。

▶ 空港に 着いたら メッセージを 送って ください。

▶ もし 今度の 週末 雨が 降らなかったら 山登りに 行きませんか。

Tip
■ 〜たらと 함께 쓰이는 표현

▶ 〜たら 〜ませんか　　　　~하면 ~(하)지 않겠습니까? (권유)
▶ 〜たら 〜ましょうか　　　~하면 ~할까요?
▶ 〜たら 〜たいです　　　　~하면 ~(하)고 싶습니다. (희망)
▶ 〜たら 〜てください。　　~하면 ~해 주세요. (요청)
▶ 〜たら 〜ないでください。~하면 ~하지 마세요. (지시)
▶ 〜たら 〜ても いいです。　~하면 ~(해)도 됩니다. (허가)
▶ 〜たら 〜つもりです。　　 ~하면 ~할 작정입니다. (의지)

Memo

제6과

문법

02 보통형 + んです。 ~인 것입니다 / ~거든요

명사	현재	긍정	休みな	+ んです
		부정	休みじゃない	
	과거	긍정	休みだった	
		부정	休みじゃなかった	
な형용사	현재	긍정	暇な	
		부정	暇じゃない	
	과거	긍정	暇だった	
		부정	暇じゃなかった	
い형용사	현재	긍정	寒い	
		부정	寒くない	
	과거	긍정	寒かった	
		부정	寒くなかった	
동사	현재	긍정	降る	
		부정	降らない	
	과거	긍정	降った	
		부정	降らなかった	

▶ 実は 私、BTSのファンなんです。

▶ 最近 寝不足で 大変なんです。

▶ A: どうしたんですか。顔色が 悪いですね。

　B: 朝から お腹が 痛いんです。

▶ A: どこに 行くんですか。

　B: ちょっと 用事が あって 渋谷に 行くんです。

Memo

제6과
문법

03 보통형 + ので ~기 때문에 / ~니까

명사	현재	긍정	休み**な**	
		부정	休みじゃない	
	과거	긍정	休みだった	
		부정	休みじゃなかった	
な형용사	현재	긍정	暇**な**	
		부정	暇じゃない	+ ので
	과거	긍정	暇だった	
		부정	暇じゃなかった	
い형용사	현재	긍정	寒い	
		부정	寒くない	
	과거	긍정	寒かった	
		부정	寒くなかった	
동사	현재	긍정	降る	
		부정	降らない	
	과거	긍정	降った	
		부정	降らなかった	

▶ 今日は 妹の誕生日なので、チョコを 買ってあげた。

▶ これは 簡単なので すぐ できます。

▶ 寒いので ヒーターを つけました。

▶ 電車が 遅れたので 少し 遅刻しました。

04 보통형 + のに ~는데도 / ~임에도 불구하고

명사	현재	긍정	休みな	+のに
		부정	休みじゃない	
	과거	긍정	休みだった	
		부정	休みじゃなかった	
な형용사	현재	긍정	暇な	
		부정	暇じゃない	
	과거	긍정	暇だった	
		부정	暇じゃなかった	
い형용사	현재	긍정	寒い	
		부정	寒くない	
	과거	긍정	寒かった	
		부정	寒くなかった	
동사	현재	긍정	降る	
		부정	降らない	
	과거	긍정	降った	
		부정	降らなかった	

▶ まだ、小学生なのに 英語が ぺらぺらですね。

▶ 日本語が 上手なのに 全然 話さない。

▶ 寒いのに 半袖ですか。

▶ 忘れないと 約束したのに また 忘れてしまったんです。

제6과

연습

 다음 표를 채워봅시다. (たら, 명사·형용사의 활용)

	～たら ～라면	～なかったら ～(하)지 않는다면
春 봄		
大人(おとな) 어른		
休み 휴일		
暇だ 한가하다		
有名だ 유명하다		
便利だ 편리하다		
簡単だ 간단하다		
いい・よい 좋다		
寒い 춥다		
忙しい 바쁘다		
辛(から)い 맵다		
難しい 어렵다		
冷(つめ)たい 차갑다		
暖かい 따뜻하다		
痛い 아프다		

 다음 표를 채워봅시다. (たら, 동사의 활용)

		~たら ~라면, ~하면	~なかったら ~(하)지 않는다면
行く	가다		
着く	도착하다		
当たる	맞다, 당첨되다		
買う	사다		
会う	만나다		
ある	있다		
いる	있다		
起きる	일어나다		
する	하다		
話す	이야기하다		
帰る	돌아가(오)다		
入る	들어가(오)다		
降る	비가 내리다		
来る	오다		
止む	비가 그치다		

제6과

연습

 예 와 같이 문장을 완성하고 읽어보세요. (～たら)

> 예
> もし 明日の午後 暇だ ・ 一緒に 映画を 見に 行きませんか。
> → もし 明日の午後 暇だったら、
>   一緒に 映画を 見に 行きませんか。

❶ 授業が 早く 終わる ・ 一緒に コーヒーでも 飲みませんか。
→ _____。

❷ 今週末、天気が いい ・ 一緒に 野球を 見に 行きませんか。
→ _____。

❸ カンナム駅に 着く ・ 電話して ください。
→ _____。

❹ 今、無理だ ・ 後で して ください。
→ _____。

 예와 같이 문장을 완성하고 읽어보세요. (～なかったら)

> **예**
>
> お昼の約束が ない ・ 一緒に 食べましょう。
>
> → お昼の約束が なかったら、一緒に 食べましょう。

❶ 雨が 降らない ・ 山登りに 行きましょう。

→ _____ 。

❷ 明日 雨じゃない ・ 出かけましょう。

→ _____ 。

❸ 時間が ない ・ 来なくても いいです。

→ _____ 。

❹ 忙しくない ・ ちょっと 手伝って くれませんか。

→ _____ 。

제6과

연습

 예 와 같이 문장을 완성하고 읽어보세요. (～んです)

> 예
>
> A: 今日、どうしたんですか。
> B:(朝寝坊[あさねぼう]を する) → 朝寝坊を したんです。

❶ A: どうして、パーティーに 行かないんですか。

　B:(重要な 約束が ある)

　　→ _____。

❷ A: どうして 電話に 出なかったんですか。

　B:(映画館の中だった)

　　→ _____。

❸ A: 声[こえ]、どうしたんですか。

　B:(昨日、歌を たくさん 歌った)

　　→ _____。

❹ A: どうして、買わなかったんですか。

　B:(インターネットより 高かった)

　　→ _____。

 예와 같이 문장을 완성하고 읽어보세요. （〜ので）

> 예
>
> 朝寝坊を した ・ 遅れました。
> → 朝寝坊をしたので 遅れました。

❶ 明日は テストが ある ・ 買い物は ちょっと。

→ ＿＿＿＿＿＿＿＿＿＿＿＿＿＿＿＿＿＿＿＿＿＿＿＿＿＿＿＿＿＿＿＿。

❷ 今日は 母の誕生日 ・ 今日は ちょっと。

→ ＿＿＿＿＿＿＿＿＿＿＿＿＿＿＿＿＿＿＿＿＿＿＿＿＿＿＿＿＿＿＿＿。

❸ 体調(たいちょう)が 悪かった ・ 欠席してしまいました。

→ ＿＿＿＿＿＿＿＿＿＿＿＿＿＿＿＿＿＿＿＿＿＿＿＿＿＿＿＿＿＿＿＿。

❹ 漢字が 分からない ・ ひらがなで 書いてしまいました。

→ ＿＿＿＿＿＿＿＿＿＿＿＿＿＿＿＿＿＿＿＿＿＿＿＿＿＿＿＿＿＿＿＿。

제6과

연습

 예와 같이 문장을 완성하고 읽어보세요. (～のに)

> **예**
>
> 勉強を した ・ 試験に 落ちて しまいました。
> → 勉強を したのに 試験に 落ちて しまいました。

❶ ダイエット中 ・ チキンを 食べて しまいました。

　→ _____。

❷ ゲームを しないと 母と 約束を した ・ また ゲームを して しまいました。

　→ _____
　_____。

❸ お酒を 飲んでは いけない ・ また お酒を 飲んで しまいました。

　→ _____
　_____。

❹ メモを した ・ 結婚記念日を 忘れて しまいました。

　→ _____。

Memo

제6과
독해

 문장을 읽고 의미를 파악해 보세요.

いつも 元気な林さんですが、今日は 元気が なかったので、

先生は 林さんに「どうしたんですか」と 聞きました。

一度も 欠席しないで 一生懸命勉強している

三木(みき)さんなのに、昨日 欠席したので、

先生は 三木さんに「どうしたんですか」と 聞きました。

いつも 勉強しないで 遊んでいる 田中君が、

ある日 一生懸命勉強していたので、

先生は 田中君に「どうしたんですか」と 聞きました。

제6과

작문

 다음 문장을 일본어로 바꾸어 써보세요.

❶ 가격이 비싸면 사지 않을 작정입니다.

❷ 공항에 도착하면 메시지를 보내 주세요.

❸ 최근 잠 부족으로 힘듭니다.

❹ 이것은 간단하기 때문에 바로 할 수 있습니다.

❺ 잊지 않겠다고 약속했는데, 또 잊어버렸습니다.

제6과
청해

01 내용을 듣고 맞는 그림을 골라 주세요.

02 대화를 듣고 다음 질문에 대답해 주세요.

❶ この 女の人は 男の人から パンを もらいましたか。

→ _____。

❷ この 女の人は 甘くない パンは 食べても いいと 言っていますか。

→ _____。

제6과

한자

| 事
일 사 | しょく じ
食事
식사 | じ けん
事件
사건 | し ごと
仕事
일 |

 한자를 쓰면서 읽어 보세요.

| ぎゅうにゅう
牛乳
우유 | 牛乳 | 牛乳 | 牛乳 |

| ね だん
値段
가격 | 値段 | 値段 | 値段 |

| くう こう
空港
공항 | 空港 | 空港 | 空港 |

| かお いろ
顔色
안색 | 顔色 | 顔色 | 顔色 |

| へん
変だ
이상하다 | 変だ | 変だ | 変だ |

쉬어가기 ⑦ 무라카미 다카시

일본의 괴짜 팝 아티스트

일본에 '무라카미 다카시'라는 엄청 독특한 예술가가 있어요. 처음 그의 작품을 보면 "이게 예술이야?" 싶을 수도 있는데, 보면 볼수록 빠져드는 그런 스타일이죠. 이 사람은 평면적인 그림 스타일, 원색의 폭발적인 색감, 귀여운 캐릭터들을 섞어서 만든 '슈퍼플랫(Superflat)'이라는 미학 개념으로 유명해요.

※ 슈퍼플랫 Superflat

입체감이나 깊이를 주지 않고 일부러 평면처럼 보이게 그리는 스타일이에요. 애니메이션, 만화, 전통 회화 등 일본 문화 속에 있는 '평면성'을 예술로 승화시킨 거예요. 그래서 무라카미의 작품을 보면 애니메이션 같기도 하고 고전 그림 같기도 해요.

그의 대표 캐릭터 중 하나가 웃고 있는 알록달록한 꽃(해피 플라워)인데, 너무 귀여워서 장난감에 어울릴 것 같기도 해요. 그런데 자세히 보면 해골이 섞여있거나 눈빛이 좀 이상한 경우가 많아요. 무라카미 씨는 귀여움과 공포를 함께 다루는 걸 좋아해요. 일본 문화에서 자주 볼 수 있는 감성이죠.

그는 미술관에서만 활동하지 않고 루이비통 같은 명품 브랜드와도 협업해요. 그를 예술성과 상업성을 동시에 다루는 '하이브리드 아티스트'라고 부르는 이유지요. 무라카미는 직접 도라에몽 모자를 쓰고 사진을 찍기도 해요. 장난기 넘치는 모습이지만, '예술은 즐겁고 대중적일 수 있다'는 그의 철학이 숨어 있지요.

제7과

安ければ どこでも いいですよ。

조건 표현 2 (～ば)
～から
～し
～と思う

07

 제7과

단어

■ 회화

中華料理屋	ちゅうかりょうりや	중화요리집
お店	おみせ	가게
見つける	みつける	찾다
気に入る	きにいる	마음에 들다
天ぷら	てんぷら	튀김
寿司	すし	스시
肉	にく	고기
種類	しゅるい	종류

■ 문법

嫌だ	いやだ	싫다
平日	へいじつ	평일
暑い	あつい	덥다
窓	まど	창문
開ける	あける	열다
間に合う	まにあう	시간에 맞추다
似る	にる	닮다
注文	ちゅうもん	주문
	インフルエンザ	인플루엔자
治る	なおる	낫다
自分	じぶん	자신
荷物	にもつ	짐
子供	こども	아이
眠る	ねむる	잠자다
お金	おかね	돈
家賃	やちん	집세
最悪	さいあく	최악
	きっと	분명히
知り合い	しりあい	지인
本当に	ほんとう	정말

■ 연습

図書館	としょかん	도서관
誰	だれ	누구
傘	かさ	우산
入口	いりぐち	입구
止める	やめる	그만두다
流行る	はやる	유행하다
服	ふく	옷
電話	でんわ	전화
食欲	しょくよく	식욕
近い	ちかい	가깝다
お客さん	おきゃくさん	손님
会社	かいしゃ	회사
やめる	やめる	그만두다
給料	きゅうりょう	급여

■ 독해

広い	ひろい	넓다
近く	ちかく	근처
公園	こうえん	공원
去年	きょねん	작년
引っ越す	ひっこす	이사하다

제7과

회화

야마다 씨와 윤 씨가 점심으로 무엇을 먹을지 이야기하고 있다.

ユン 　山田さん、今日のお昼は 駅の前の中華料理屋で
　　　　食べましょうか。

山田 　あの店は、一度 食べたことが あるんですが、
　　　　あまり 美味しく なかったんです。

ユン 　そうですか。じゃ、今日の お昼は どこで 食べましょうか。

山田 　私が いいお店を 見つけたから、
　　　　今日は そこに 行きましょう。

ユン 　そうですか。私は 安ければ どこでも いいですよ。
　　　　どんな お店ですか。

— 광고 전단지를 보면서

山田 　ここなんですよ。ユンさんも 気に入ると 思います。
　　　　値段も 安いし、天ぷらも あるし、寿司も あるし、
　　　　肉も あるし、種類も 多いんです。

ユン 　バイキングなのに 7千ウォンは 安いですね。

제7과

문법

01 ～ば ~하면

명사	명사 + なら（ば） 명사 + では なければ 　　　　 じゃ なければ	休み 休みなら（ば） 休みでは なければ 休みじゃ なければ	휴일 휴일이면 휴일이 아니면 휴일이 아니면
な형용사	～だ + なら（ば） ～だ + では なければ 　　　　 じゃ なければ	嫌だ 嫌なら（ば） 嫌では なければ 嫌じゃ なければ	싫다 싫으면 싫지 않으면 싫지 않으면
い형용사	～い + ければ ～い + く なければ	高い 高ければ 高く なければ	비싸다 비싸면 비싸지 않으면
동사	1그룹 [u]단 어미를 [e]단으로 고친 후 + ば	行く 行けば 行かなければ	가다 가면 가지 않으면
	2그룹 어미 [る]를 빼고 + られる	見る 見れば 見なければ	보다 보면 보지 않으면
	3그룹 예외이므로 암기한다	する すれば しなければ 来る 来れば 来なければ	하다 하면 하지 않으면 오다 오면 오지 않으면

- 平日、休みならば 何をしますか？
- 雨じゃ なければ みんなで 行きます。

- 嫌ならば しなくても いいんです。
- ハンサムじゃ なければ モデルは できません。

- 暑ければ 窓を 開けても いいですよ。
- 天気が 悪く なければ ドライブに 行くつもりです。

- 次の 電車に 乗れば 間に合います。
- 二人は 似ているので、見れば すぐ わかります。
- ネットで 注文すれば もっと 安いですよ。
- 明日、何時に 来れば いいですか。

- インフルエンザは 病院に 行かなければ 早く 治りません。
- 自分で やってみなければ 分かりません。
- 明日 試験なので 勉強しなければ なりません。
- 荷物になるから 持ってこなければ よかった。

제7과

문법

02 보통형 + から　~기 때문에 / ~니까

명사	현재	긍정	休みだ	
		부정	休みじゃない	
	과거	긍정	休みだった	
		부정	休みじゃなかった	
な형용사	현재	긍정	暇だ	
		부정	暇じゃない	
	과거	긍정	暇だった	+ から
		부정	暇じゃなかった	
い형용사	현재	긍정	寒い	
		부정	寒くない	
	과거	긍정	寒かった	
		부정	寒くなかった	
동사	현재	긍정	降る	
		부정	降らない	
	과거	긍정	降った	
		부정	降らなかった	

▶ まだ 子供だから、大丈夫です。
▶ 野菜が 嫌いだから、食べたくない。
▶ 危ないから、運転しながら ケータイを 見ないで ください。
▶ コーヒーを 飲んだから、全然眠れなかった。

03 보통형 + し　～(하)고 (게다가)

명사	현재	긍정	休み**だ**	+し
		부정	休みじゃない	
	과거	긍정	休みだった	
		부정	休みじゃなかった	
な형용사	현재	긍정	暇**だ**	
		부정	暇じゃない	
	과거	긍정	暇だった	
		부정	暇じゃなかった	
い형용사	현재	긍정	寒い	
		부정	寒くない	
	과거	긍정	寒かった	
		부정	寒くなかった	
동사	현재	긍정	降る	
		부정	降らない	
	과거	긍정	降った	
		부정	降らなかった	

▶ 今日は 雨だし お金もないし 早く 帰りたい。

▶ 彼は ハンサムだし 親切だし 真面目だから 好きです。

▶ このアパートは 駅から 近いし 家賃も 安いし とても いいです。

▶ スマホが あれば メールもできるし、それに ゲームもできるよ。

▶ A: 旅行は どうだったんですか。
　　B: 寒かったし 雨も たくさん 降ったし 最悪だったんです。

제7과

문법

04 보통형 + と 思います ~라고 생각합니다 / ~일 거라고 생각합니다

명사	현재	긍정	休みだ	
		부정	休みじゃない	
	과거	긍정	休みだった	
		부정	休みじゃなかった	
な형용사	현재	긍정	暇だ	
		부정	暇じゃない	
	과거	긍정	暇だった	+ と 思う
		부정	暇じゃなかった	
い형용사	현재	긍정	寒い	
		부정	寒くない	
	과거	긍정	寒かった	
		부정	寒くなかった	
동사	현재	긍정	降る	
		부정	降らない	
	과거	긍정	降った	
		부정	降らなかった	

▶ あの 方は きっと 英語の 先生だと 思います。
▶ 知り合いの 中で 三木さんが 一番 きれいだと 思います。
▶ 日本語は 本当に おもしろいと 思います。
▶ たぶん 明日は 雨が 降らないと 思います。

Memo

제7과

연습

 다음 표를 채워봅시다. (〜ば)

	〜ば	〜なければ
雨　　비		
午後　오후		
簡単だ　간단하다		
嫌だ　싫다		
新鮮(しんせん)だ　신선하다		
安い　싸다		
いい　좋다		
遠い　멀다		
寒い　춥다		
買う　사다		
ある　있다		
する　하다		
降る　(비) 내리다		
行く　가다		
来る　오다		
読む　읽다		
見る　보다		
出る　나가(오)다		
寝る　자다		
食べる　먹다		

 예와 같이 문장을 완성하고 읽어보세요. (~ば ~つもりです。)

> 예
>
> 天気が いい ・ 散歩を する
> → 天気が よければ 散歩を するつもりです。

❶ 暖かい ・ 山登りに 行く

→ _____ 。

❷ 安い ・ 買う

→ _____ 。

❸ 体調が 悪く ない ・ 参加(さんか)する

→ _____ 。

❹ 約束が ない ・ 図書館に 行って 勉強する。

→ _____ 。

제7과

연습

 예 와 같이 문장을 완성하고 읽어보세요. (～ば いいですか。)

> 예
>
> どこに 出す
> → どこに 出せば いいですか。

❶ 何を 買う

→ _____ 。

❷ いつ 連絡する

→ _____ 。

❸ どうやって 行く

→ _____ 。

❹ 誰に 聞く

→ _____ 。

 예 와 같이 문장을 완성하고 읽어보세요. （〜から）

> **예**
>
> 太った ・ ダイエットを しようと 思っています。
> → 太ったから、ダイエットを しようと 思っています。

❶ 雨が 降っている ・ 傘を 持って いって ください。

→ _____ 。

❷ 入り口 ・ 車を 止めないで ください。

→ _____ 。

❸ 最近 流行っている ・ このデザインの服を 買った方が いいです。

→ _____ 。

❹ 家に 電話を した ・ 今日は 遅く 帰っても いいです。

→ _____ 。

제7과

연습

예 와 같이 문장을 완성하고 읽어보세요. (~し)

> **예**
>
> A: どうして 彼は 人気が あるんですか。
>
> B:(歌が 上手だ ・ 背が高い)
>
> → 歌も 上手だし、背も 高いから 人気が あるんです。

❶ A: どうして 食べないんですか。

　B:(お腹が 痛い ・ 食欲が ない)

　→ _____ 食べないんです。

❷ A: どうして カンナムへ よく 行くんですか。

　B:(賑やかだ ・ 家から 近い)

　→ _____ よく 行くんです。

❸ A: どうして あの店は いつも お客さんが 多いんですか。

　B:(値段が 安い ・ 料理が 美味しい)

　→ _____ お客さんが 多いんです。

❹ A: どうして 会社を やめたんですか。

　B:(残業が 多かった ・ 給料が 安かった)

　→ _____ やめたんです。

 예와 같이 문장을 완성하고 읽어보세요. (～と思います)

> **예**
>
> A: 彼に ついて どう 思いますか。
> B: (まじめで、優しい)
> → 彼は まじめで、優しいと 思います。

❶ A: この授業について どう 思いますか。
　 B: (難しいですが、面白い)
　 → _____ 。

❷ A: 留学について どう 思いますか。
　 B: (将来のために、行った方が いい)
　 → _____ 。

❸ A: 二人は 結婚すると 思いますか。
　 B: (たぶん、結婚する)
　 → _____ 。

❹ A: 明日も 雨が 降ると 思いますか。
　 B: (たぶん、降らない)
　 → _____ 。

제7과

독해

   문장을 읽고 의미를 파악해 보세요.

私は 今 住んでいる アパートが 気に 入っています。

家賃も 安いし 部屋も 広いし 近くに マートと公園も あるし…。

去年まで 住んでいた アパートは 最悪だったんです。

家賃も 高かったし 部屋も 狭かったし 駅も 遠かったし…。

近くに マートも なかったから、とても 不便でした。

今の アパートに 引っ越して 本当に よかったと 思います。

 제7과

작문

 다음 문장을 일본어로 바꾸어 써보세요.

❶ 날씨가 나쁘지 않으면 드라이브하러 갈 작정입니다.

❷ 독감은 병원에 가지 않으면 빨리 낫지 않습니다.

❸ 야채를 싫어하기 때문에 먹고 싶지 않아.

❹ 그는 잘 생겼고 친절하고 성실하기 때문에 좋아합니다.

❺ 저 분은 분명 영어 선생님이라고 생각합니다.

제7과
청해

01 내용을 듣고 맞는 그림을 골라 주세요.

02 대화를 듣고 다음 질문에 대답해 주세요.

❶ キムさんは 試験が 終わりましたか。

→ _____。

❷ キムさんは どうして 試験が 大変だったと 言って いますか。

→ _____。

제7과
한자

| 最
가장 최 | さい こう
最高
최고 | さい しょ
最初
최초 | さい ご
最後
최후 |

 한자를 쓰면서 읽어 보세요.

しゅるい 種類 종류	種類	種類	種類
に もつ 荷物 짐	荷物	荷物	荷物
や ちん 家賃 집세	家賃	家賃	家賃
きら 嫌いだ 싫어하다	嫌いだ	嫌いだ	嫌いだ
ねむ 眠る 잠들다	眠る	眠る	眠る

쉬어가기 ⑧ 이와이 슌지

잃어버린 시간을 찍는 사람

혹시 더 이상 이 세상에 없는 누군가에게
편지를 써본 적 있나요?
한참을 망설이다가
"잘 지내시나요?"라는 말로 시작하면,
괜히 가슴 한쪽이 시려오곤 하지요.

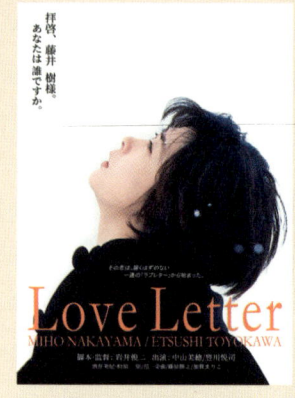

그런 감정을
하얀 눈 풍경 속에 담아낸 영화가 있어요.
바로 이와이 슌지 감독의 《러브레터 (Love Letter)》예요.
1995년에 나온 이 작품은 지금까지도 겨울이 되면 떠오르는 영화죠.
"おげんきですか。"
하늘을 향해 외친 이 말은 닿지 못한 마음의 메아리처럼 돌아와요.
기억, 상실, 그리움을 조용히 풀어낸 이 영화는
마음속 깊은 곳을 건드려요.

이와이 슌지의 또 다른 영화 《하나와 앨리스》는
청춘의 투명한 감정을 조용히 따라가요.
크게 웃기보단, 잔잔한 미소가 번지는 영화지요.
인물들의 사소한 동작이나 표정, 시선 등을 클로즈업으로
담아내며 마치 한 편의 시처럼 구성해요.

그의 영상은 마치
오래된 사진을 한 장 한 장 넘기는 느낌이에요.
빛 바랜 풍경, 하얗게 쌓이는 눈,
바람 스치는 골목, 그 속엔 청춘과 추억,
말하지 못한 감정이 조용히 머물고 있어요.
현실과 환상이 겹치는 그 경계를,
이와이는 아름답게 그려내지요.

제8과

暖かくなると
出かけたくなる。

조건표현 3 (〜と)
〜かもしれない
〜でしょう
〜に違いない
변화표현 (〜なる)

08

제8과

단어

■ 회화

	かなり	꽤
動く	うごく	움직이다
止まる	とまる	멈추다
事故	じこ	사고
	ほとんど	거의
外出	がいしゅつ	외출
増える	ふえる	늘어나다
先に	さきに	먼저
気を付ける	きをつける	조심하다

■ 문법

咲く	さく	피다
	まっすぐ	똑바로
バス停	ばすてい	버스 정류장
	ボタン	버튼
押す	おす	누르다
息子	むすこ	아들
20歳	はたち	20살
赤い	あかい	빨갛다
長袖	ながそで	긴소매
日曜日	にちようび	일요일
娘	むすめ	딸
似合う	にあう	어울리다
梅雨	つゆ	장마
違う	ちがう	다르다
警察	けいさつ	경찰
逃げる	にげる	도망가다
犯人	はんにん	범인

■ 연습

暗い	くらい	어둡다
結局	けっきょく	결국
笑う	わらう	웃다
秋	あき	가을
連休	れんきゅう	연휴
お腹が空く	おなかがすく	배가 고프다
復習	ふくしゅう	복습
日にち	ひにち	날짜
変わる	かわる	변하다
	チェック	확인
香水	こうすい	향수
聞く	きく	묻다, 듣다
間	あいだ	사이
並ぶ	ならぶ	줄 서다
幸せだ	しあわせだ	행복하다
合う	あう	맞다
嘘をつく	うそをつく	거짓말을 하다
探す	さがす	찾다
見つかる	みつかる	발견되다
落とす	おとす	떨어뜨리다

■ 독해

聞き取り	ききとり	듣기 이해
受かる	うかる	합격하다

제8과

회화

야마다 씨가 윤 씨에게 전화를 걸어 이야기하고 있다.

パク　　ユンさん　遅いですね。

山田　　私が　連絡して　みます。

― 전화를 걸어서

山田　　もしもし。ユンさん、今　どこですか。

ユン　　すみません。まだ　バスの中です。
　　　　かなり　遅れるかもしれません。
　　　　事故で　道が　とても　込んでいて　バスが
　　　　ほとんど　動きません。

山田　　暖かくなると　出かけたくなるので、
　　　　車が多いのかもしれません。
　　　　それで　事故が　あったのでしょう。

ユン　　そうですね。春になって　外出する　人が　増えたんですね。
　　　　お店も　人が　多いと思うので、
　　　　山田さんは　パクさんと　先に　入って　いて　ください。

山田　　はい、わかりました。気を　つけて　来て　ください。

ユン　　はい、ありがとうございます。

제8과
문법

01 동사 기본형 + と　~하면

- (자연현상)　春に なると 色々な 花が たくさん 咲きます。
- (길 안내)　まっすぐ 行くと バス停が 見えます。
- (습관)　本を 飲むと いつも 眠く なります。
- (매뉴얼)　このボタンを 押すと 止まります。

02 ~なる　~이 되다 / ~(해)지다 [변화]

명사	명사 + に なる	春 春に なる	봄 봄이 되다
な 형용사	~だ + に なる	上手だ 上手に なる	잘하다 잘하게 되다
い 형용사	~い + く なる	暖かい 暖かく なる	따뜻하다 따뜻해지다
동사	동사 기본형 + ようになる	する するようになる	하다 하게 되다

- 息子は もうすぐ 20歳に なります。
- 一生懸命 勉強して 日本語が 上手に なりました。
- お酒を 飲むと 顔が 赤く なります。
- 最近、朝ご飯を 食べるように なりました。

03 보통형 + かもしれません ~지도 모릅니다

		긍정/부정	
명사	현재	긍정	休み
		부정	休みじゃない
	과거	긍정	休みだった
		부정	休みじゃなかった
な형용사	현재	긍정	暇
		부정	暇じゃない
	과거	긍정	暇だった
		부정	暇じゃなかった
い형용사	현재	긍정	寒い
		부정	寒くない
	과거	긍정	寒かった
		부정	寒くなかった
동사	현재	긍정	降る
		부정	降らない
	과거	긍정	降った
		부정	降らなかった

+ かもしれない

▶ あの 方は 木村さんの お姉さんかもしれません。
▶ 鈴木さんは 高いギターを 持っているし、ギターが上手かもしれません。
▶ 寒いかもしれませんから、長袖を 持って 行った方が いいです。
▶ 彼は 約束を 忘れた かもしれません。

제8과

문법

04 보통형 + でしょう　~일 것입니다 / ~겠죠

명사	현재	긍정	休み
		부정	休みじゃない
	과거	긍정	休みだった
		부정	休みじゃなかった
な형용사	현재	긍정	暇
		부정	暇じゃない
	과거	긍정	暇だった
		부정	暇じゃなかった
い형용사	현재	긍정	寒い
		부정	寒くない
	과거	긍정	寒かった
		부정	寒くなかった
동사	현재	긍정	降る
		부정	降らない
	과거	긍정	降った
		부정	降らなかった

+ でしょう

Tip
- 日本も 今 梅雨(つゆ)だから、たぶん 雨が 降るでしょう。(↘)
- そうでしょう。(↗)

▶ 今日は 日曜日だから、あの店は 休みでしょう。

▶ お母さんが きれいだから、娘(むすめ)さんも きれいでしょう。

▶ 雪も 降ったし、明日は たぶん 寒いでしょう。

▶ A: この色 私に 似合(にあ)うでしょうか。
　 B: 肌(はだ)が 白いから、似合うと 思いますよ。

05 보통형 + に違いありません ~가 분명합니다

명사	현재	긍정	休み	
		부정	休みじゃない	
	과거	긍정	休みだった	
		부정	休みじゃなかった	
な 형용사	현재	긍정	暇	
		부정	暇じゃない	+ に 違いない
	과거	긍정	暇だった	
		부정	暇じゃなかった	
い 형용사	현재	긍정	寒い	
		부정	寒くない	
	과거	긍정	寒かった	
		부정	寒くなかった	
동사	현재	긍정	降る	
		부정	降らない	
	과거	긍정	降った	
		부정	降らなかった	

▶ 警察を 見て 逃げましたから 彼が 犯人に 違いありません。

▶ 試験が 終わったので、山田さんは 暇に 違いありません。

▶ この時計は きっと 高いに 違いありません。

▶ あのレストランは いつも 人が 多いから、
人気が あるに 違いありません。

제8과
연습

 다음 표를 채워봅시다. (～なる)

		～なる
ユーチューバー	유튜버	将来、_____ なりたいです。
いい	좋다	_____ なりました。
作る	만들다	パンを _____ なりました。
暗い	어둡다	夜になって、_____ なりました。
有名だ	유명하다	_____ なったら、いいなあ。
好きだ	좋아하다	アイドルが _____ なりました。
行かない	가지 않다	結局、_____ なりました。
静かだ	조용하다	最近、_____ なりました。
上手だ	잘한다	_____ なるために、頑張ります。
秋	가을	_____ なって、寂しい。
忙しい	바쁘다	会社に入って、_____ なりました。
暖かい	따뜻하다	春になると _____ なります。
多い	많다	連休で、人が _____ なりました。
大人	어른	_____ なってから、つまらなくなりました。
食べたい	먹고 싶다	お腹が空いて、_____ なりました。

 예 와 같이 문장을 완성하고 읽어보세요. （〜と・〜なる）

> 예
>
> 運動を する ・ 元気だ
> → 運動を すると、元気に なります。

❶ 一生懸命 練習を する ・ 上手だ
→ _____。

❷ 12月に なる ・ 寒い
→ _____。

❸ お酒を 飲む ・ 顔が 赤い
→ _____。

❹ 復習を しない ・ すぐ 忘れる
→ _____。

제8과

연습

3  와 같이 문장을 완성하고 읽어보세요. (～かもしれません)

> 예
>
> お腹が 空く ・ バナナを 持って 行った方が いいと 思います。
> → お腹が 空くかもしれませんから、
>   バナナを 持って 行った方が いいと 思います。

❶ 今も 待って いる ・ 連絡して みた方が いいと 思います。

　→ _____ 。

❷ 日にちが 変わった ・ チェックして みた方が いいと 思います。

　→ _____ 。

❸ 忘れる ・ メモした方が いいと 思います。

　→ _____ 。

❹ 香水は 嫌いだ ・ 聞いた方が いいと 思います。

　→ _____ 。

 **4** 예 와 같이 문장을 완성하고 읽어보세요. （～でしょうか・～でしょう）

> **예**
>
> A: 試験は 難しいですか。　→　試験は 難しいでしょうか。
> B: いいえ、難しく ありません。→　いいえ、難しく ないでしょう。

❶ A: 日本は 寒いですか。　　　→ _____。
　 B: あまり、寒く ありません。　→ _____。

❷ A: これは 誰のですか。　　　→ _____。
　 B: たぶん、山田さんのです。　→ _____。

❸ A: 彼は 日本に 帰りましたか。→ _____。
　 B: たぶん、帰りました。　　　→ _____。

❹ A: 間に合いますか。　　　　　→ _____。
　 B: たぶん、間に 合いません。→ _____。

제8과

연습

 예와 같이 문장을 완성하고 읽어보세요. (～に違いない)

> 예
>
> 日本に 10年も 住んでいた ・ 日本語が 上手だ
> → 日本に 10年も 住んでいたから、
> 　日本語が 上手に違いありません。

❶ 人が たくさん 並んでいる店 ・ おいしい

→ _____ 。

❷ 最近 結婚した ・ 二人は 幸せだ

→ _____ 。

❸ 二人の 話が 合わない ・ 一人は 嘘をついている

→ _____ 。

❹ いくら 探しても 見つからない ・ どこかに 落とした

→ _____ 。

Memo

 제8과
독해

 문장을 읽고 의미를 파악해 보세요.

私は 英語の試験に 落ちてしまいました。

1カ月間 英語の試験のために 単語を ちゃんと 覚えて

聞き取りの 練習も たくさん しました。

毎日 2時間ずつ 一生懸命 勉強 したのに

落ちてしまったんです。

どうして 落ちたんでしょうか。

何が よく なかったんでしょうか。

英語の試験に 受かるためには どうしたら いいでしょうか。

제8과

작문

 다음 문장을 일본어로 바꾸어 써보세요.

❶ 술을 마시면 얼굴이 빨갛게 됩니다.
------

❷ 곧장 가면 버스정류장이 보입니다.
------

❸ 저 분은 기무라 씨의 언니일지 모릅니다
------

❹ 눈도 내렸고, 내일은 아마 추울 것입니다.
------

❺ 경찰을 보고 도망쳤기 때문에 그가 범인임에 틀림없습니다.

제8과
청해

01 내용을 들고 맞는 그림을 골라 주세요.

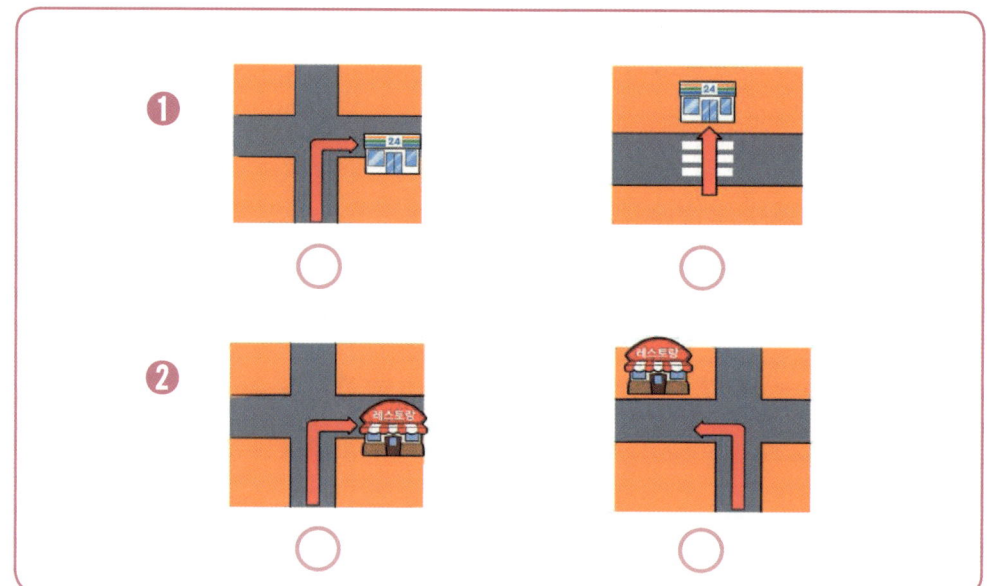

02 대화를 듣고 다음 질문에 대답해 주세요.

❶ キムさんは どんな理由で 日本語を 始めましたか。

→ _____ 。

❷ キムさんは 日本語が 上手に なるために 何を して いますか。

→ _____ 。

 제8과
한자

| 室
집 실 | きょう しつ
教室
교실 | かい ぎ しつ
会議室
회의실 | しつ ない
室内
실내 |

 한자를 쓰면서 읽어 보세요.

れん らく 連絡 연락	連絡	連絡	連絡
じ こ 事故 사고	事故	事故	事故
けい さつ 警察 경찰	警察	警察	警察
はん にん 犯人 범인	犯人	犯人	犯人
うそ 嘘 거짓말	嘘	嘘	嘘

쉬어가기 ⑨

원피스

자유를 향한 끝없는 항해

만화 《원피스》는 한 작가가 집필한 단일 만화 시리즈로
5억 부 이상 발행, 기네스북에까지 이름을 올렸어요!
전 세계 60개 이상의 언어로 번역됐고, 애니메이션, 영화,
게임, 피규어, 심지어 실사 드라마로도 만들어졌죠.
말 그대로 전 세계를 사로잡은 콘텐츠예요.

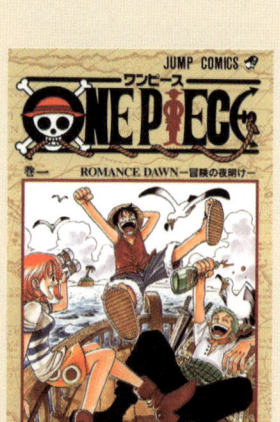

그 인기의 비결은? 바로 입체적인 캐릭터!
각자의 트라우마, 성장, 목표를 품은 인물들이 등장하고,
각자의 서사가 가슴 깊이 스며들어요.
웃다가 울게 되는 감정의 롤러코스터,
코믹과 감동의 완벽한 조화는 세대를 초월해 사랑받는 이유예요.
또한 이 만화는 '권력'이 아니라 '자유'를 좇는 모험이에요.
그래서 더 많은 사람들이 마음을 빼앗기죠.

작가 오다 에이이치로는 어릴 적 《드래곤볼》의 작가
토리야마 아키라에게 감명을 받아 만화가의 길을 선택했대요.
그래서 원피스를 보면 과장된 감정 표현, 재치 넘치는 연출,
화끈한 싸움, 명확한 선악 구도, 그리고 무엇보다도
우정과 모험의 DNA가 찐~하게 느껴져요.

게다가 2007년, 점프 40주년 기념으로 오다 에이이치로와
토리야마가 함께 만든 꿈의 콜라보 만화 《Cross Epoch》에서는
원피스와 드래곤볼의 캐릭터들이 한 화면에!
이건 진짜 팬들에게는 전율 그 자체였죠.

이야기의 바다, 원피스. 한 번 빠지면
끝까지 항해하게 될지도 몰라요!

제9과

このアプリで 予約が できます。

조건표현 4 (〜なら)
가능표현 (가능동사, 〜ことができる)

09

제9과

단어

■ 회화

空港	くうこう	공항
	リムジンバス	리무진 버스
利用	りよう	이용
時間帯	じかんたい	시간대
割引	わりびき	할인
	アプリ	앱

■ 문법

温泉	おんせん	온천
紹介	しょうかい	소개
無料	むりょう	무료
質問	しつもん	질문
答える	こたえる	대답하다
運動場	うんどうじょう	운동장
勉強会	べんきょうかい	스터디 모임
	インスタグラム	인스타그램
大雪	おおゆき	대설
	ストライキ	파업

■ 연습

紅葉	もみじ	단풍
お弁当	おべんとう	도시락
信じる	しんじる	믿다
聞き取る	ききとる	알아듣다
弾く	ひく	연주하다
	ホラー	공포
	クレジットカード	신용카드

■ 독해

刺身	さしみ	회
怖い	こわい	무섭다
運転	うんてん	운전

제9과

회화

요스케 씨와 윤 씨가 어플에 대해 이야기하고 있다.

ヨウスケ　ユンさん、空港は 何で 行った方が いいですか。

ユン　　　空港なら リムジンバスで 行った方が いいと思いますよ。

ヨウスケ　予約 必要ですか。

ユン　　　はい、最近は 利用する人が 多くて、予約しないと 乗りたい時間帯に 乗れない時が あります。それに 予約すると 割引も できますよ。

ヨウスケ　そうですか、どうやって 予約しますか。

ユン　　　このアプリで 予約が できます。アプリのボタンを 押すだけで 簡単に 予約することが できます。

ヨウスケ　あ、そうですか。ありがとうございます。

제9과

문법

01 ～なら ~라면

▶ A: 家族と 一緒に 温泉に 行こうと 思います。
　　　どこか いい所が あったら 紹介して ください。
　B: 温泉なら 北海道がいいですね。

▶ A: 今 風邪で 体調が よく ないです。
　B: 風邪なら 無理しないで、今日は ゆっくり 休んで ください。

Memo

02　～が 가능동사　~을/를 ~(할) 수 있다

		기본형	→	ない형	
1그룹	[u]단 어미를 [e]단으로 고친 후 +る	洗う　씻다 乗る　타다 待つ　기다리다 死ぬ　죽다 飲む　마시다 遊ぶ　놀다 聞く　듣다 泳ぐ　헤엄치다 話す　이야기하다	→ → → → → → → → →	洗える 乗れる 待てる 死ねる 飲める 遊べる 聞ける 泳げる 話せる	씻을 수 있다 탈 수 있다 기다릴 수 있다 죽을 수 있다 마실 수 있다 놀 수 있다 들을 수 있다 헤엄칠 수 있다 이야기할 수 있다
2그룹	어미 [る]를 빼고 +られる	食べる　먹다 寝る　자다	→ →	食べられる 寝られる	먹을 수 있다 잘 수 있다
3그룹	예외이므로 암기한다	する　하다 来る　오다	→ →	できる 来られる	할 수 있다 올 수 있다

▶ ロビーでは Wi-Fiが 無料で 使えます。

▶ 練習をして 質問に 日本語で 答えられるようになった。

▶ このスペースでは 料理が できます。

▶ 来週のパーティーに 来られますか。

제9과

문법

03 ～を 동사의 기본형 ＋ ことができます。 ~을/를 ~(할) 수 있습니다
　　～を 동사의 기본형 ＋ ことはできません。 ~을/를 ~(할) 수 없습니다

▶ 簡単な 漢字なら 読む ことが できます。

▶ 私は 納豆を 食べることが できます。

▶ この 運動場なら いつでも 走る 練習を する ことが できます。

▶ 今回の 勉強会には 来ることが できますか。

▶ 中国語を 習ったことは ありませんから、
　中国語を 話すことは できません。

▶ インスタグラムで 彼のストーリーズを 見ることは できません。

▶ 大雪で 今日は 出勤することは できません。

▶ バスの ストライキで 今日は 学校に
　行くことは できないと思います。

Memo

제9과
연습

  예 와 같이 문장을 완성하고 읽어보세요. (〜なら)

> 예
>
> 家族のために 車が 買いたいです。何が いいですか。
> (家族のために 買う車 ・ SUVを 買う)
> → 家族のために 買う車なら、SUVを 買った方が いいです。

❶ 息子に クリスマスのプレゼントを あげるつもりですが、
何が いいですか。
(クリスマスのプレゼント ・ ロボットをあげる)
→ ＿＿＿＿＿＿＿＿＿＿＿＿＿＿＿＿＿＿＿＿＿＿＿＿＿＿。

❷ 紅葉(もみじ)を 見に 行きたいですが、どこが いいですか。
(紅葉を 見たい ・ ネジャン山に 行く)
→ ＿＿＿＿＿＿＿＿＿＿＿＿＿＿＿＿＿＿＿＿＿＿＿＿＿＿。

❸ お腹が 空(す)いて いますが、今 ダイエット中です。
何を 食べたら いいですか。
(ダイエット中(ちゅう) ・ サラダを 食べる)
→ ＿＿＿＿＿＿＿＿＿＿＿＿＿＿＿＿＿＿＿＿＿＿＿＿＿＿。

❹ お弁当(べんとう)を 作るつもりですが、何を 作ったら いいですか。
(お弁当 ・ おにぎりを 作る)
→ ＿＿＿＿＿＿＿＿＿＿＿＿＿＿＿＿＿＿＿＿＿＿＿＿＿＿。

 다음 표를 채워보세요. (가동동사 만들기)

기본형		가능형	기본형		가능형
会う	만나다		来る	오다	
する	하다		眠る	잠들다	
行く	가다		飲む	마시다	
作る	만들다		出る	나가(오)다	
信じる	믿다		着る	입다	
泳ぐ	헤엄치다		待つ	기다리다	
話す	이야기하다		入る	들어가(오)다	
買う	사다		寝る	자다	
食べる	먹다		起きる	일어나다	
帰る	돌아가(오)다		忘れる	잊다	
言う	말하다		使う	사용하다	
読む	읽다		乗る	타다	
聞き取る	알아듣다		覚える	외우다	
書く	쓰다		払う	돈을 내다	
見る	보다		呼ぶ	부르다	

167

제9과

연습

 예와 같이 문장을 완성하고 읽어보세요. (～ことが できる)

> **예**
> パーティーに 行く
> ○ → パーティーに 行くことが できます。
> ✗ → パーティーに 行くことは できません。

❶ 海で 泳ぐ
　✗ → _____。

❷ カタカナを 読む
　○ → _____。

❸ 日本の歌を 歌う
　✗ → _____。

❹ ピアノを 弾く
　○ → _____。

 **4** 예와 같이 문장을 완성하고 읽어보세요. (～ことが できる → 가능동사)

> 예
> イタリア料理を 作ることが できます。
> → イタリア料理が 作れます。
>
> イタリア料理を 作ることは できません。
> → イタリア料理が 作れません。

❶ 日本語を 話すことが できます。
　→ _____。

❷ ホラー映画を 見ることは できません。
　→ _____。

❸ クレジットカードで 払(はら)うことが できます。
　→ _____。

❹ 辛(から)い 物(もの)を 食べることは できません。
　→ _____。

제9과

독해

 문장을 읽고 의미를 파악해 보세요.

私と 私の友達は できないことが 一つずつ あります。

私は 刺身が 食べられないです。

それで、皆で 刺身を 食べに 行ったことが ないです。

由美ちゃんは 全然 泳げないです。

それで、私たちは 海にも あまり 行かないんです。

里美ちゃんは 車が 怖くて 車の運転が できないんです。

それで、里美ちゃんに 会う時は 私が 車を 持って 行きます。

제9과
작문

 다음 문장을 일본어로 바꾸어 써보세요.

❶ 감기라면 무리하지 말고 오늘은 느긋이 쉬어 주세요.

❷ 연습을 해서 질문에 일본어로 대답할 수 있게 되었습니다.

❸ 간단한 한자라면 읽을 수 있습니다.

❹ 가족을 위해 사는 차라면 SUV를 사는 편이 좋습니다.

❺ 로비에서는 와이파이를 무료로 사용할 수 있습니다.

제9과
청해

01 내용을 듣고 맞는 그림을 골라 주세요.

02 대화를 듣고 다음 질문에 대답해 주세요.

❶ この男の人は 免許が ありますか。

→ _____ 。

❷ この男の人は 免許を 取らないつもりですか。

→ _____ 。

 제9과

한자

| 理
다스릴 리 | りょうり
料理
요리 | むり
無理
무리 | りゆう
理由
이유 |

 한자를 쓰면서 읽어 보세요.

よやく 予約 예약	予約	予約	予約
ひつよう 必要 필요	必要	必要	必要
もみじ 紅葉 단풍	紅葉	紅葉	紅葉
ぜんぜん 全然 전혀	全然	全然	全然
こた 答える 대답하다	答える	答える	答える

쉬어가기 ⑩
파친코

소리와 빛으로 유혹하는
일본식 게임 문화

일본 거리를 걷다 보면, 화려한 LED와 네온사인,
전자음으로 유난히 눈에 띄는 가게가 있어요.
멀리서도 한눈에 알아볼 수 있죠. 바로 파친코점입니다.

안으로 들어서는 순간, 딸깍딸깍! 찰그랑! 삐삐삑! 아타리!
현란한 소리와 불빛, 빠른 음악이 일상의 감각을 지워버리고,
전혀 다른 세계가 펼쳐져요.
이건 단순한 소음이 아니라, 도파민을 자극하는 정교한 심리 장치예요.
그래서 더 쉽게 빠져들고, 쉽게 빠져나오지 못하죠.

미국의 슬롯머신은 엄격히 '도박'으로 규제되지만,
일본의 파친코는 '오락'이라는 이름 아래 묘하게 애매한 위치에 있어요.
한때는 서민들의 소소한 오락으로 자리 잡았지만,
지금은 그 속도와 강도가 달라졌어요.

화려하고 자극적인 세계는 늘 우리의 눈을 사로잡지만,
그 이면엔 시간, 돈, 마음을 잃을 수 있는 그림자도 숨어 있어요.
겉으로 보이는 즐거움에만 머무르지 말고,
그 뒤에 숨은 구조와 진실을 들여다보는 눈이
지금 우리에게 꼭 필요해요.

제10과

先生が 厳(きび)しそうですから、迷(まよ)っています。

~そうだ (전문)
~そうだ (양태)

10

제10과

단어

■ 회화

部活	ぶかつ	동아리 활동
決める	きめる	결정하다
科学部	かがくぶ	과학부
迷う	まよう	망설이다
先輩	せんぱい	선배
毎週末	まいしゅうまつ	매주 주말

■ 문법

相手	あいて	상대
天気予報	てんきよほう	일기예보
倒れる	たおれる	쓰러지다
立つ	たつ	서다
評価	ひょうか	평가
	プロジェクト	프로젝트
明るい	あかるい	밝다

Tip

嬉しい	うれしい	기쁘다
悲しい	かなしい	슬프다
	まずい	맛없다
熱い	あつい	뜨겁다
固い	かたい	딱딱하다
柔らかい	やわらかい	부드럽다
	つまらない	지루하다
重い	おもい	무겁다
軽い	かるい	가볍다
丈夫だ	じょうぶだ	튼튼하다
涼しい	すずしい	시원하다

■ 연습

新聞	しんぶん	신문
上がる	あがる	오르다
易しい	やさしい	쉽다
合格	ごうかく	합격
祖父	そふ	할아버지

■ 독해

皆さん	みなさん	여러분
経験	けいけん	경험
お皿	おさら	접시
喜ぶ	よろこぶ	기뻐하다

제10과

회화

야마다 씨와 박 씨가 동아리 활동에 대해 이야기하고 있다.

山田 部活は 決めましたか。

パク まだです。実は 科学部に 入りたいですが、
先生が 厳しそうですから、迷って います。

山田 科学部の先生なら、山下先生のことですね。
友達によると 山下先生は とても
優しい先生だそうですよ。

パク 本当ですか。

山田 はい、それに 面白い先生だそうです。

パク そうですか。よかった。山田さんは 部活 決めましたか。

山田 私も まだです。でも、私は ハイキング部が 楽しそうです。

パク 先輩に よると、ハイキング部は 毎週末、
山登りに 行くそうですが、山登りは 好きですか。

山田 いいえ、実は 私 山登りは 大嫌いなんです。

パク では、ハイキング部は やめた方が いいですね。

제10과

문법

01 보통형＋そうだ ~라고 한다 (전문)

명사	현재	긍정	休みだ	＋ そうだ
		부정	休みじゃない	
	과거	긍정	休みだった	
		부정	休みじゃなかった	
な형용사	현재	긍정	暇だ	
		부정	暇じゃない	
	과거	긍정	暇だった	
		부정	暇じゃなかった	
い형용사	현재	긍정	寒い	
		부정	寒くない	
	과거	긍정	寒かった	
		부정	寒くなかった	
동사	현재	긍정	降る	
		부정	降らない	
	과거	긍정	降った	
		부정	降らなかった	

▶ キムさんの 結婚相手(あいて)は 日本人だそうだね。
▶ 友達に よると あの店は あまり 親切じゃ ないそうです。
▶ ニュースに よると 明日は 風が 強いそうです。
▶ 天気予報(よほう)に よると 来週は ずっと 雨が 降るそうです。

02 ～そうだ   ~(해) 보인다 / ~(일) 것 같다 (양태)

명사	명사에는 접속하지 않는다.	
な형용사	~だ + そうだ ~だ + そうです	真面目だ 真面目そうだ 真面目そうです
い형용사	~い + そうだ ~い + そうです	高い 高そうだ 高そうです
	*예외 （ いい → 　　　　 ない →	よさそうだ なさそうだ
동사	ます형 + そうだ ます형 + そうです	降る 降りそうだ 降りそうです

Ⓐ ～そうだ　　~(해) 보인다 / ~(일) 것 같다
- ▶ 田中さんは 真面目そうです。
- ▶ この時計、高そうだね。
- ▶ 今にも 雨が 降りそうです。

Ⓑ ～そうな + 명사　　~인 것 같은
- ▶ 田中さんは 真面目そうな 学生です。
- ▶ 高そうな 時計を していますね。
- ▶ 雨が 降りそうな 天気です。

Ⓒ ～そうに + 동사　　~인 것 같이
- ▶ 田中さんは 暇そうに テレビを 見て います。
- ▶ おいしそうに ケーキを 食べて います。
- ▶ 大きな 木が 今にも 倒れそうに 立って いる。

제10과

문법

03 ～なさそうだ ~(일)것 같지 않다. (양태의 부정)

명사	~だ + では なさそうだ / じゃ なさそうだ	休みだ 休みでは なさそうだ 　　　じゃ なさそうだ
な형용사	~だ + では なさそうだ / じゃ なさそうだ	真面目だ 真面目では なさそうだ 　　　　じゃ なさそうだ
い형용사	~い + く なさそうだ	高い 高く なさそうだ
	*예외　いい → よく なさそうだ	
동사	ない형 + なさそうだ	降る 降ら なさそうだ

▶ サイトの 評価が 1.5なら いいお店では なさそうです。

▶ このプロジェクトは あまり 大変じゃ なさそうだね。

▶ 明るく なさそうな 人ですね。

▶ 疲れたので 明日は 早く 起きられなさそうです。

Tip: 양태의 そうだ 와 자주 쓰이는 표현들

분류	표현	뜻	표현	뜻
사람의 첫 인상 & 기분	真面目だ	성실하다	強い	강하다
	優しい	자상하다	寂しい	쓸쓸하다
	性格がいい	성격이 좋다	嬉しい	기쁘다
	元気だ	활달하다	悲しい	슬프다
	怖い	무섭다	幸せだ	행복하다
음식	美味しい	맛있다	まずい	맛없다
	辛い	맵다	甘い	달다
	熱い	뜨겁다	冷たい	차갑다
	固い	딱딱하다	柔らかい	부드럽다
책, 영화, 물건, 온도	面白い	재미있다	楽しい	즐겁다
	つまらない	재미없다	難しい	어렵다
	重い	무겁다	軽い	가볍다
	丈夫だ	튼튼하다	便利だ	편리하다
	楽だ	편하다	高い	비싸다
	暖かい	따뜻하다	涼しい	시원하다
상황	大変だ	힘들다	痛い	아프다
	眠い	졸리다	忙しい	바쁘다
	暇だ	한가하다	雨が降る	비가 내리다
	雨が止む	비가 그치다	落ちる	떨어지다

제10과

연습

  예 와 같이 문장을 완성하고 읽어보세요. (전문의 そうだ)

> 예
>
> 新聞 ・ 家の値段が 上がる
> → 新聞によると、家の値段が 上がるそうです。

❶ 友達 ・ 去年の試験は 易しかった。
→ _____ 。

❷ 先生 ・ 70点から 合格だ。
→ _____ 。

❸ ネット ・ あの歌手は 来月アメリカで コンサートを する。
→ _____ 。

❹ 祖父 ・ 昔 ここは 賑やかじゃ なかった。
→ _____ 。

예 와 같이 문장을 완성하고 읽어보세요. (양태의 そうだ 1)

> 예
> 美味しい
> → 美味しそうです。
> → 美味しくなさそうです。

❶ 高い
 → _____。
 → _____。

❷ 暖かい
 → _____。
 → _____。

❸ 幸せだ
 → _____。
 → _____。

❹ 重い
 → _____。
 → _____。

제10과
연습

❺ いい
→ _____ 。
→ _____ 。

❻ できる
→ _____ 。
→ _____ 。

❼ 落ちる
→ _____ 。
→ _____ 。

❽ 当(あ)たる
→ _____ 。
→ _____ 。

❾ 厳しい
→ _____ 。
→ _____ 。

❿ 軽い
→ _____ 。
→ _____ 。

3 예와 같이 문장을 완성하고 읽어보세요. (양태의 そうだ 2)

예

面白い ・ 映画
→ 面白 そうな 映画 / → 面白く なさそうな 映画

❶ 難しい ・ 問題
→ _____ / → _____

❷ 便利だ ・ アプリ
→ _____ / → _____

❸ 優しい ・ 人
→ _____ / → _____

❹ 甘い ・ パン
→ _____ / → _____

제10과
독해

 문장을 읽고 의미를 파악해 보세요.

皆さんは こんな 経験が ないですか。

優しそうな 人ですが、付き合ってみたら、全然 優しく なかったり。

真面目そうな 人ですが、付き合ってみたら、

全然 真面目じゃ なかったり。

美味しそうな 料理ですが、食べてみたら、

全然 美味しく なかったり。

頭が よさそうな 人ですが、教えてみたら、

全然 頭が よくなかったり。

暖かそうな 服ですが、着てみたら、全然 暖かく なかったり。

 제10과

작문

 다음 문장을 일본어로 바꾸어 써보세요.

❶ 친구에 의하면 저 가게는 그다지 친절하지 않다고 합니다.

❷ 금방이라도 비가 내릴 것 같습니다.

❸ 다나카 씨는 한가한 듯이 TV를 보고 있습니다.

❹ 비싸 보이는 시계를 하고 있네요.

❺ 이 프로젝트는 그다지 힘들 것 같지 않네요 .

제10과
청해

01 내용을 듣고 맞는 그림을 골라 주세요.

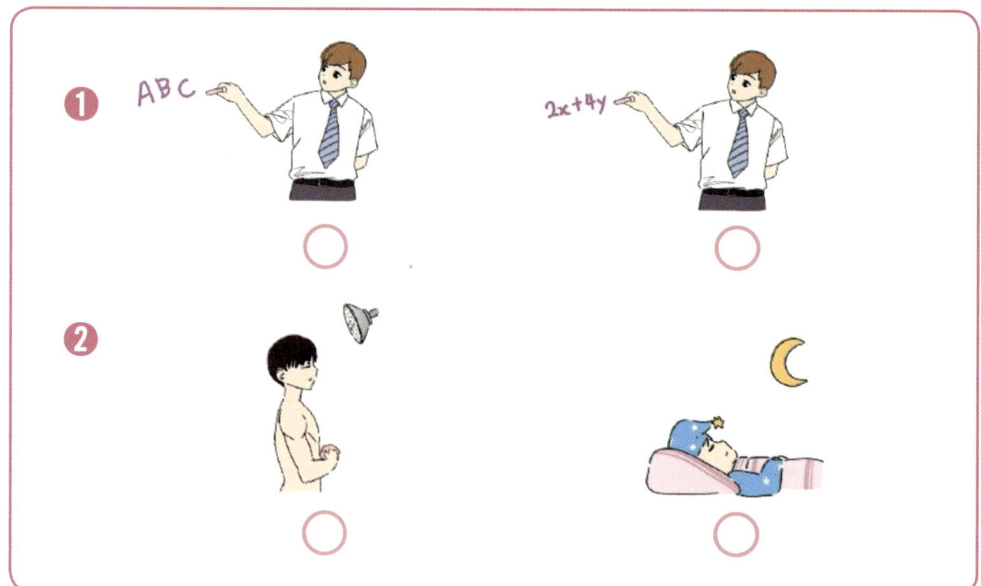

02 대화를 듣고 다음 질문에 대답해 주세요.

❶ キムさんが 今 着ているコートは 高いですか。

　→ _____。

❷ キムさんは 今 着ているコートが 気に 入って いますか。

　→ _____。

 제10과
한자

| 性
성품 성 | だんせい
男性
남성 | じょせい
女性
여성 | せいかく
性格
성격 |

 한자를 쓰면서 읽어 보세요.

きび 厳しい 엄격하다	厳しい	厳しい	厳しい
せんぱい 先輩 선배	先輩	先輩	先輩
ひょうか 評価 평가	評価	評価	評価
けいけん 経験 경험	経験	経験	経験
あたた 暖かい 따뜻하다	暖かい	暖かい	暖かい

가부키

여성미와 유행을 선도한 일본의 극장 예술

얼굴에 진한 분장을 하고, "요!" 하는 소리와 함께 기압을 넣는 포즈!
일본의 전통 연극, 가부키(歌舞伎)에서 볼 수 있어요.
400년 넘게 이어온 노래(歌), 춤(舞), 연기(伎)의 종합 퍼포먼스예요.

가부키는 일본 서민들의 오락이었지만, 지금은 유네스코 세계무형문화유산으로 지정되어 세계적인 전통 예술로 인정받고 있어요.

특히 '미에(見得)'라는 연기 기법은 꼭 기억해둘 만해요.
감정이 폭발하는 순간, 배우가 동작을 멈추고 눈을 부릅뜨며 포즈를 취하면, 관객은 "요!" 하고 외치며 호응하죠. 마치 콘서트의 떼창 같은 느낌이랄까요?
그리고 무대 한쪽에서 관객 사이로 배우가 등장하는 하나미치(花道), 공중을 날아가듯 등장하는 추노리(宙乗り) 연출도 아주 인상적이에요.

에도 시대엔 가부키 배우들이 오늘날의 연예인처럼 엄청난 인기를 끌었고, 그들의 헤어스타일, 옷, 말투가 곧 유행이 되었어요.
배우들의 얼굴을 그린 우키요에는 지금의 아이돌 굿즈처럼 인기를 끌었죠.

또 흥미로운 건, 가부키에는 여성 배우가 없었다는 점이에요.
남성 배우들이 여성 역할을 전문적으로 맡았고, 그들의 연기가 실제 여성들의 미의 기준이 되기도 했어요.
여성들보다 더 여성스러움이 전달되었던 거지요.

가부키는 단지 고전 공연이 아니라, 패션과 유행, 팬 문화의 시작이자 일본 대중문화의 뿌리라고 할 수 있지요.

제11과

疲れたみたいですね。

～ようだ
～みたいだ
～らしい

제11과
단어

■ 회화

本当だ	ほんとうだ	정말이다
エッフェル塔	エッフェルとう	에펠탑
写真	しゃしん	사진
気分転換	きぶんてんかん	기분 전환

■ 문법

お茶	おちゃ	차
	あくび	하품
掃除	そうじ	청소
	にこにこ	방긋방긋 (웃는 모양)
歌手	かしゅ	가수
背が高い	せがたかい	키가 크다

■ 연습

外国人	がいこくじん	외국인
駅前	えきまえ	역 앞
	さっき	방금
	まるで	마치
能力	のうりょく	능력
噂	うわさ	소문
別れる	わかれる	헤어지다

■ 독해

| 夢 | ゆめ | 꿈 |
| 興味 | きょうみ | 흥미 |

제11과

회화

윤 씨와 야마다 씨가 다나카 씨의 근황에 대해 이야기하고 있다.

ユン　田中さん、電話を しても 出ないんです。

山田　あ、田中さんは 旅行に 行きました。
　　　知らなかったですか。

ユン　本当ですか。最近、仕事が 大変だと 言っていたから、
　　　忙しいと 思いました。

山田　仕事も やめたらしいです。

ユン　疲れたみたいですね。旅行は どこに 行きましたか。

山田　それは 知らないですが、田中さんのSNSを 見たら、
　　　エッフェル塔の写真が ありましたから、
　　　パリに 行ったみたいです。

ユン　気分転換に なれば いいですね。

제11과

문법

01 ようだ (문어체) ~인 것 같다 (경험/상황판단에 의한 추측)

		긍정/부정		
명사	현재	긍정	休みの	+ ようだ
		부정	休みじゃない	
	과거	긍정	休みだった	
		부정	休みじゃなかった	
な형용사	현재	긍정	暇な	
		부정	暇じゃない	
	과거	긍정	暇だった	
		부정	暇じゃなかった	
い형용사	현재	긍정	寒い	
		부정	寒くない	
	과거	긍정	寒かった	
		부정	寒くなかった	
동사	현재	긍정	降る	
		부정	降らない	
	과거	긍정	降った	
		부정	降らなかった	

▶ これは 最近 人気のようですね。みんな 持って います。

▶ 田中さんは いつも お茶を 飲んでいる。コーヒーが 嫌いなようだ。

▶ ハンさんは 眠いようです。さっきから ずっと あくびを して います。

▶ 掃除を したようですね。きれいに なりました。

02 みたいだ (회화체) ~인 것 같다 (경험/상황판단에 의한 추측)

명사	현재	긍정	休み	
		부정	休みじゃない	
	과거	긍정	休みだった	
		부정	休みじゃなかった	
な형용사	현재	긍정	暇	
		부정	暇じゃない	
	과거	긍정	暇だった	+ みたいだ
		부정	暇じゃなかった	
い형용사	현재	긍정	寒い	
		부정	寒くない	
	과거	긍정	寒かった	
		부정	寒くなかった	
동사	현재	긍정	降る	
		부정	降らない	
	과거	긍정	降った	
		부정	降らなかった	

▶ 彼女は デザートを 食べないので ダイエット中みたいです。

▶ 彼、最近 幸せみたいだね、いつも にこにこしている。

▶ 林さんは 忙しいみたいです。電話に 出ないんです。

▶ 風邪を ひいたみたいですね。
早く 家に 帰って 休んだ方が いいですね。

제11과
문법

03 ～ようだ ・ ～みたいだ (마치) ~과 같다 (비유)

▶ 彼女は 歌が 上手で、まるで歌手のようだ。（＝歌手みたいだ）

▶ うちの父のような人と 結婚したいです。（＝うちの父みたいな人）

▶ 彼女は まるで モデルのように 背が 高いです。

（＝モデルみたいに）

Memo

04 らしい ~인 것 같다, ~라는 것 같다 (외부 정보에 의한 추측)

		긍정/부정		
명사	현재	긍정	休み	
		부정	休みじゃない	
	과거	긍정	休みだった	
		부정	休みじゃなかった	
な형용사	현재	긍정	暇	
		부정	暇じゃない	＋らしい
	과거	긍정	暇だった	
		부정	暇じゃなかった	
い형용사	현재	긍정	寒い	
		부정	寒くない	
	과거	긍정	寒かった	
		부정	寒くなかった	
동사	현재	긍정	降る	
		부정	降らない	
	과거	긍정	降った	
		부정	降らなかった	

▶ 午後から 雨らしいですよ。傘を 持っていってください。

▶ あの お店での アルバイトは 大変らしいですよ。

▶ 寝すぎるのも 体には 悪いらしいですね。

▶ 日本語の試験は 来年から もっと 難しく なるらしいです。

제11과

연습

 예 와 같이 문장을 완성하고 읽어보세요. (～ようだ)

> 예
>
> この店は 有名です。
> → この店は 有名なようです。

❶ 彼は 来年 留学に 行きます。

→ _____ 。

❷ 林さんは 会社を やめました。

→ _____ 。

❸ カンさんは パクさんのことが 好きです。

→ _____ 。

❹ ハンさんの彼氏は 外国人です。

→ _____ 。

 예와 같이 문장을 완성하고 읽어보세요. （～みたいだ）

> 예
>
> # 다이아 반지   # 내년 1월   # 웨딩드레스 투어
>
> → 林さんは 結婚するみたいです。

❶ # 방울 토마토   # 닭가슴살   # 헬스장   # -10Kg

→ 田中さんは _____ 。

❷ # 에펠탑   # 개선문   # 드디어 입성

→ 山田さんは _____ 。

❸ # 선물   # 파티   # 미역국   # 케이크

→ ユンさんは _____ 。

❹ # 사표   # 자유   # 늦잠

→ キムさんは _____ 。

제11과

연습

 예와 같이 문장을 완성하고 읽어보세요. (～らしい)

> **예**
>
> 本人に聞いたんですが、彼は 来年 日本に 留学に 行くそうです。
> → 噂によると、彼は 来年 日本に 留学に 行くらしいです。

❶ 本人に聞いたんですが、田中さんは 来年から 東京で 働くそうです。
　　→ 噂によると、＿＿＿＿＿＿＿＿＿＿＿＿＿＿＿＿＿＿＿＿。

❷ 木村さんに聞いたんですが、あの二人は 付き合っています。
　　→ 噂によると、＿＿＿＿＿＿＿＿＿＿＿＿＿＿＿＿＿＿＿＿。

❸ 本人に聞いたんですが、木村さんは来月引っ越すそうです。
　　→ 噂によると、＿＿＿＿＿＿＿＿＿＿＿＿＿＿＿＿＿＿＿＿。

❹ 田中さんに聞いたんですが、駅前のカフェ、おいしいそうです。
　　→ 噂によると、＿＿＿＿＿＿＿＿＿＿＿＿＿＿＿＿＿＿＿＿。

Memo

제11과
독해

 문장을 읽고 의미를 파악해 보세요.

最近の 子供たちは 夢が ないようですね。

「将来 何に なりたいですか」と 聞いたら、

「まだ 分かりません」と答える子供が 多いです。

それから「有名な人の中で 誰が 一番 好きですか」と

聞いたら「特に いません」と 答える子供が 多いです。

有名な人にも あまり 興味が ないようです。

제11과

작문

 다음 문장을 일본어로 바꾸어 써보세요.

❶ 한 씨는 졸린 것 같네요. 아까부터 계속 하품을 하고 있습니다.

❷ 다나카 씨는 언제나 차를 마시고 있어. 커피가 싫은 것 같아.

❸ 그녀는 마치 모델처럼 키가 큽니다.

❹ 오후부터 비인 것 같아요. 우산을 가지고 가 주세요.

❺ 일본어 시험은 내년부터 좀더 어려워지는 것 같아요.

제11과

청해

01 내용을 듣고 맞는 그림을 골라 주세요.

02 대화를 듣고 다음 질문에 대답해 주세요.

❶ 田中さんが ハンさんに 「ミナさんは コーヒーが 好きみたいです」と言った理由は 何ですか。

→ _____。

❷ 田中さんは ミナさんに 誕生日のプレゼントで 何を あげようと 思いますか。

→ _____。

제11과
한자

| 住
 살 주 | じゅうしょ
 住所
 주소 | じゅうたく
 住宅
 주택 | す
 住む
 살다 |

한자를 쓰면서 읽어 보세요.

こいびと 恋人 애인	恋人	恋人	恋人
わか 別れる 헤어지다	別れる	別れる	別れる
しょうらい 将来 장래	将来	将来	将来
きょうみ 興味 흥미	興味	興味	興味
ね 寝る 자다	寝る	寝る	寝る

쉬어가기 ⑫
기온 마츠리

움직이는 예술의 전당

교토의 여름을 통째로 집어삼키는 축제,
기온 마츠리(祇園祭)는 869년부터
시작되었는데, 이 축제의 하이라이트는
'야마호코(山鉾)'라 불리는
거대한 수레의 퍼레이드예요.

높이 25미터, 무게 12톤!
거대한 수레 33대가 이틀 동안 거리를 가득 메워요.
금실 자수로 된 천, 세월을 머금은 조각 인형,
그리고 신을 상징하는 유물까지 탑재한 수레의 행렬은
마치 움직이는 미술관 같은 장관이에요.
수레에 타고 있는 사람들은 북도 치고, 샤미센도 켜고,
종도 울리며 완전 한 편의 공연을 펼치죠.

좁은 골목이나 급커브를 할 땐, 대나무 껍질을 깔고 모래를 뿌려
마찰을 줄이기 위해 수십 명이 호흡을 맞추지요.
수레가 쓰러지지 않도록 해야 하는 완전 극한 작업이에요.

이 모든 과정은 교토 시민들의 손으로 이루어져요.
각 마을 단위로 수레를 관리하며, 주민들은 1년 내내
정성껏 수레를 정비하고 장식을 준비하지요.
장인, 청년, 자원봉사자, 어린이들까지 함께 참여해
전통을 이어가는 모습은 이 축제를 더욱 특별하게 만들어요.

화려한 장식 뒤에는 수백 년을 지켜온 정신과,
그 정신을 오늘날에도 소중히 이어가는 사람들의 이야기가 담겨 있지요.

제12과

先輩に 誘(さそ)われて
カラオケに 行きました。

수동형

제12과 단어 12-1

■ 회화

職員室	しょくいんしつ	교무실
叱る	しかる	혼내다
	サボる	학교를 빼먹다
今	いま	지금
後悔	こうかい	후회
誘う	さそう	권유하다, 초대하다
気持ち	きもち	기분
反省	はんせい	반성

■ 문법

頼む	たのむ	부탁하다
盗む	ぬすむ	훔치다
	ほめる	칭찬하다
	いじめる	괴롭히다
毎晩	まいばん	매일 밤
嘘をつく	うそをつく	거짓말을 하다
兄	あに	형, 오빠
殴る	なぐる	때리다
先ほど	さきほど	조금 전

■ 연습

	ふる	차다
告白する	こくはくする	고백하다
踏む	ふむ	밟다
怒る	おこる	화내다
噛む	かむ	물다

招待する	しょうたいする	초대하다
捨てる	すてる	버리다
泣く	なく	울다
壊す	こわす	부수다
刺す	さす	찌르다
愛する	あいする	사랑하다
撮る	とる	찍다
汚す	よごす	더럽히다
笑う	わらう	웃다
泥棒	どろぼう	도둑
後輩	こうはい	후배
資料	しりょう	자료
蚊	か	모기
	かゆい	가렵다
不愉快	ふゆかい	불쾌
準備	じゅんび	준비
腹が立つ	はらがたつ	화가 나다
もつ鍋	もつなべ	곱창 전골
桜	さくら	벚꽃
名所	めいしょ	명소
駅弁	えきべん	역 도시락
新幹線	しんかんせん	신칸센
靴下屋	くつしたや	양말 가게

■ 독해

| 財布 | さいふ | 지갑 |
| 恐い | こわい | 무섭다 |

제12과

회화

소라 씨가 야마다 씨에게 왜 선생님께 혼났는지 이야기하고 있다.

山田　どうしたんですか。元気が ないですね。
ソラ　さっき 職員室に 呼ばれて、先生に 叱られました。
山田　何か あったんですか。
ソラ　昨日 授業を サボって、先生に 叱られたんです。
山田　授業を サボったんですか。
　　　それは ソラさんが 悪かったですね。
ソラ　はい、今 後悔して います。
山田　授業を サボって 何を しましたか。
ソラ　友達に 誘われて、カラオケに 行きました。
　　　「ビッグエコ」という カラオケでしたが、
　　　サウンドが よかったです。
山田　たまに 勉強を したくない 気持ちに なるのは 私も
　　　わかりますが、授業を サボっては いけませんよ。
ソラ　はい、反省して います。

제12과

문법

01 수동형

		기본형		수동형	
1그룹	[u]단 어미를 [a]단으로 고친 후 + れる	叱る 頼む 押す 盗む	혼내다 부탁하다 밀다 훔치다	→ 叱られる → 頼まれる → 押される → 盗まれる	혼나다 부탁받다 밀리다 도둑맞다
	※ 예외 う → わ로 고친 후 + れる	誘う	권유하다	→ 誘われる	권유받다
2그룹	어미 [る]를 빼고 + られる	ほめる いじめる	칭찬하다 괴롭히다	→ ほめられる → いじめられる	칭찬받다 괴롭힘당하다
3그룹	예외이므로 암기한다	する 来る	하다 오다	→ される → 来られる	당하다, 받다 (방문) 받다

❗ **명사 + に + 수동형** ~에게 ~함을 당하다 = ~가 ~하다

▶ 毎晩 ゲームを して 母に 叱られました。

▶ 嘘を ついて 恋人に ふられました。

▶ 子供の時 兄に 殴られた ことが あります。

▶ お客さんに 来られて 休めなかったです。

▶ A: どうしたんですか。嬉しそうですね。

　B: 社長に ほめられて とても 嬉しいんです。

02 　명사 + という + 명사　~라고 하는, ~라는

- ▶ 「トトロハウス」という 日本語の 塾に 通って います。
- ▶ 先ほど、田中さんという 方から 電話が ありました。
- ▶ 駅前の「リボン」という 店 知ってる？

Memo

제12과

연습

 다음 표를 채워봅시다. (수동형 만들기)

기본형		수동형	기본형		수동형
しかる	혼내다		呼ぶ	부르다	
見る	보다		捨てる	버리다	
殴る	때리다		泣く	울다	
ふる	차다		雨が降る	비가 내리다	
告白する	고백하다		壊す	망가뜨리다	
踏む	밟다		来る	오다	
書く	쓰다		入る	들어가다	
言う	말하다		刺す	찌르다	
食べる	먹다		ほめる	칭찬하다	
怒る	화내다		聞く	묻다	
盗む	훔치다		愛する	사랑하다	
噛む	씹다		撮る	찍다	
誘う	권유하다		読む	읽다	
勧める	추천하다		汚す	더럽히다	
招待する	초대하다		笑う	웃다	

212

 예 와 같이 문장을 완성하고 읽어보세요. (수동형 1)

> 예
>
> 母が 私を 叱りました。
> → 私は 母に 叱られました。

❶ 彼女が 私を ふりました。

→ _____ 。

❷ 妻が 私に 怒りました。

→ _____ 。

❸ 兄が 私を 殴りました。

→ _____ 。

❹ 犬が 私の手を 噛みました。

→ _____ 。

제12과

연습

 예 와 같이 문장을 완성하고 읽어보세요. (수동형 2)

> **예**
>
> テスト期間に 友達が 来て 困(こま)りました。
> → 私は テスト期間に 友達に 来られました。

① 急に 雨が 降って、困りました。

→ _____。

② 夜遅(よるおそ)くまで 赤ちゃんが 泣いて、困りました。

→ _____。

③ 友達が 私の カメラを 壊(こわ)して、困りました。

→ _____。

④ 去年、家に 泥棒(どろぼう)が 入って、困りました。

→ _____。

⑤ 後輩(こうはい)が 資料を 捨(す)てて、困りました。

→ _____。

❻ 蚊が 顔を 刺して とても かゆいです。

　→ _____。

❼ 恋人が 私のケータイを 見て 不愉快でした。

　→ _____。

❽ 姉が 私の服を 汚して けんかを しました。

　→ _____。

❾ 先輩が 資料の準備を 頼んで 腹が 立ちました。

　→ _____。

❿ 部長が 怒って 大変でした。

　→ _____。

제13과

연습

 예 와 같이 문장을 완성하고 읽어보세요. (～という)

> 예
>
> もつ鍋（なべ） ・ 料理
>
> A：もつ鍋という料理を 知って いますか。
> B：はい、知っています。福岡（ふくおか）の料理ですね。
> 　　いいえ、知りません。

❶ 上野（うえの） ・ ところ

→ A：＿＿＿＿＿＿＿＿＿＿＿＿＿＿＿＿＿＿＿＿＿＿。

　B：はい、知っています。桜（さくら）の名所（めいしょ）ですね。

❷ 駅弁（えきべん） ・ 弁当

→ A：＿＿＿＿＿＿＿＿＿＿＿＿＿＿＿＿＿＿＿＿＿＿。

　B：いいえ、知りません。

❸ 「のぞみ」 ・ 新幹線（しんかんせん）

→ A：＿＿＿＿＿＿＿＿＿＿＿＿＿＿＿＿＿＿＿＿＿＿。

　B：はい、知っています。一番 速い 新幹線ですね。

❹ 「タビオ」 ・ 靴下屋（くつしたや）

→ A：＿＿＿＿＿＿＿＿＿＿＿＿＿＿＿＿＿＿＿＿＿＿。

　B：いいえ、知りません。

Memo

제12과
독해

 문장을 읽고 의미를 파악해 보세요.

私は 今まで 一度だけ 父に 殴られたことが あります。

高校 2年生の 時のことです。

その時、私は 父の財布から お金を 盗んで 服を 買いました。

でも、父には 友達から もらった服だと 嘘を つきました。

後で、父に 嘘が ばれてしまって 殴られました。

その時、父は 本当に 恐かったです。

제12과

작문

 다음 문장을 일본어로 바꾸어 써보세요.

❶ 매일 밤 게임을 해서 엄마에게 혼났습니다.

❷ 어릴 때 형에게 맞은 적이 있습니다.

❸ 나는 선배에게 자료 준비를 부탁 받았습니다

❹ 개에게 손을 물려서 아팠습니다.

❺ '에키벤'이라는 도시락을 알고 있습니까?

제12과
청해

01 내용을 듣고 맞는 그림을 골라 주세요.

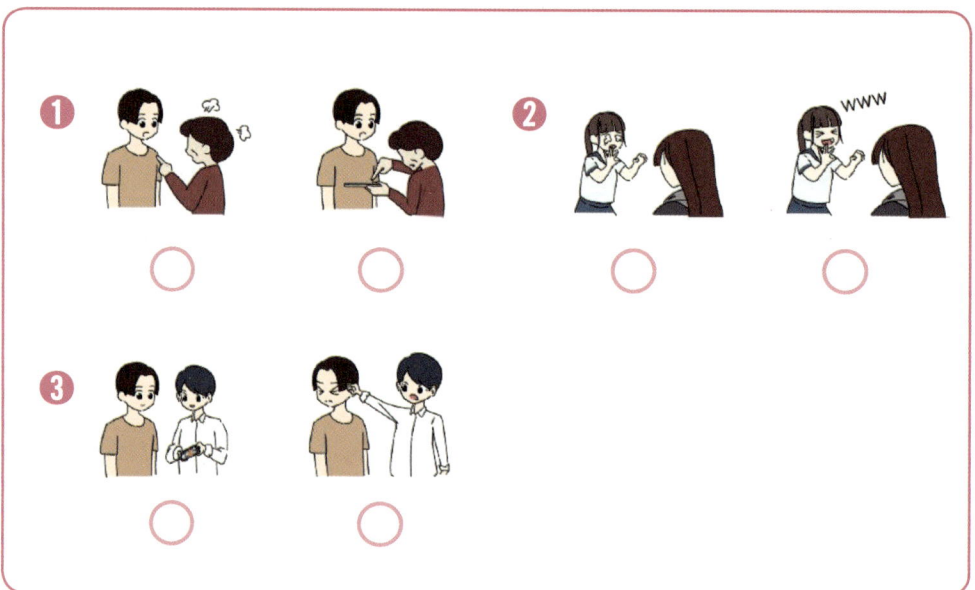

02 대화를 듣고 다음 질문에 대답해 주세요.

❶ キムさんは どうして 嬉しいですか。

　→ _____ 。

❷ キムさんを 食事に 誘った 人は 誰ですか。

　→ _____ 。

 제12과
한자

| 当
마땅할 당 | ほん とう
本当
정말 | とう ぜん
当然
당연 | とう じつ
当日
당일 |

 한자를 쓰면서 읽어 보세요.

さそ 誘う 권하다	誘う	誘う	誘う
こう かい 後悔 후회	後悔	後悔	後悔
はん せい 反省 반성	反省	反省	反省
しか 叱る 혼내다, 꾸짖다	叱る	叱る	叱る
じゅん び 準備 준비	準備	準備	準備

쉬어가기 ⑬
기모노

시간과 정성이 담긴 옷!

일본의 오랜 전통과 생활 방식을 담은 전통 의복, 기모노!
길이 약 12미터, 폭 40센티미터 정도의 천 한 장을 자르고 겹치고
꿰매서 몸통, 소매, 앞판, 뒷판을 만드는데, 모두 직사각형이에요.
몸에 딱 맞추기보다는 여유 있게 걸치는 형태라
직선적이면서도 우아한 느낌을 줘요.

기모노는 거의 천을 자르지 않아서 재사용도 가능해요.
수선해서 입거나 자녀에게 물려주고,
심지어 오래된 기모노는 가방이나 소품으로 다시 태어나기도 해요.
무늬는 단순한 장식이 아니에요.
계절감, 행운, 장수, 가족의 의미가 담긴 시각적 언어예요.
여름엔 '로(絽)'나 '샤(紗)' 같은 시원한 소재가 쓰이고,
겨울엔 두꺼운 실크와 안감을 사용하여 방한에 격식을 더해요.

• 유카타

여름 축제나 불꽃놀이 때 입는 면 소재의 가벼운 기모노로, 통풍이 잘되고 세탁이 쉬워 실용적이고 캐주얼한 매력이 있어요.

• 후리소데

결혼 전 미혼 여성이 입는 화려한 기모노로, 길게 늘어진 소매가 특징이에요. 젊음과 순수함을 상징하며 성년식, 졸업식, 결혼식 하객 복장으로 사랑받지요.

• 시로무쿠

결혼식에서 신부가 입는 순백의 기모노로, '새 출발'과 '순수함'을 상징해요.

• 하카마

메이지 시대 여성 교육의 상징으로 자리 잡은 넓은 주름치마 스타일의 전통 복식이에요. 오늘날엔 졸업식에서 많이 입으며, 여성의 지성과 독립성을 표현하는 상징이 되었어요.

제13과

ゲームしながら 単語を覚えさせて います。

사역형

13

제13과

단어

■ 회화

塾	じゅく	학원
高校生	こうこうせい	고등학생
集中	しゅうちゅう	집중
発表	はっぴょう	발표
	シャイ	수줍음 많음, 샤이함

■ 문법

喧嘩	けんか	싸움
弟	おとうと	남동생
～歳	～さい	～세, ～살
夕べ	ゆうべ	어젯밤
座る	すわる	앉다

■ 연습

置く	おく	두다, 놓다
説明	せつめい	설명
自由に	じゆうに	자유롭게
意見	いけん	의견
目玉焼き	めだまやき	계란 프라이
	ミカン	귤
残る	のこる	남다

■ 독해

習い事	ならいごと	배우는 일
感謝	かんしゃ	감사
親	おや	부모

제13과

회화

소라 씨가 야마다 씨에게 일본어 교실에서 어떻게 하는지 물어보고 있다.

ソラ　山田さんは 今 どこで 日本語を 教えて いますか。
山田　日本語の塾で 高校生に 日本語を 教えて います。
ソラ　高校生に 教えるのは 大変じゃ ないですか。
山田　大変ですよ。「今日は 体調が 悪いので 早く
　　　帰らせてください」とか、「熱が あるので
　　　休ませてください」とか 言うんです。
ソラ　大変ですね。
山田　はい、それに 集中しないので ゲームしながら
　　　単語を 覚えさせて います。
ソラ　他には どんな ことを するんですか。
山田　本を 読ませたり 発表を させたりします。
ソラ　私は 子供の時、皆の前で 発表させられた ことが
　　　ありますが、あまり 好きじゃありませんでした。
山田　そうですよね。塾でも シャイな 性格の子は
　　　「はい」と 「いいえ」しか 答えません。
ソラ　そうですか。難しいですね。

제13과

문법

01 사역형

		기본형		사역형	
1그룹	[u]단 어미를 [a]단으로 고친 후 + せる	飲む 書く 待つ 泣く	마시다 쓰다 기다리다 울다	→ → → →	飲ませる 마시게 하다 書かせる 쓰게 하다 待たせる 기다리게 하다 泣かせる 울리다
	※ 예외 う모음 → わ모음으로	歌う	노래 부르다	→	歌わせる 노래 부르게 하다
2그룹	어미 [る]를 빼고 + させる	食べる 覚える	먹다 외우다	→ →	食べさせる 먹게 하다 覚えさせる 외우게 하다
3그룹	예외이므로 암기한다	する 来る	하다 오다	→ →	させる 하게 하다, 시키다 来させる 오게 하다

A 명사を 사역형 ~을(를) ~하게 하다

▶ 姉と 喧嘩を して 両親を 怒らせました。

▶ 私は 弟を 泣かせたことが あります。

▶ ロボットが あったら、私の 代わりに 掃除を させたいです。

B 명사に 명사を 사역형 ~에게 ~을(를) ~하게 하다

▶ 母は 私に 5歳の 時から 英語を 習わせました。

▶ 夕べ 私は 妹に ラーメンを 作らせました。

▶ 子供に 野菜を 食べさせるのは 難しい。

02　~(さ)せて ください　~하게 해 주세요

▶ 体調が 悪いので 今日は 早く 帰らせて ください。
▶ 予習をしたので 本は 私に 読ませて ください。
▶ サインを する前に 少し 考えさせて ください。

03　~(さ)せて もらいます　~시켜 받겠습니다, ~하겠습니다

▶ 少し 熱が あるので 早く 帰らせて もらいます。
▶ 子供の時、両親に ピアノを 習わせて もらいました。
▶ ここに 座らせて もらっても いいですか。

04　~しか ~ない　~밖에 ~않다

▶ その 話は 先生しか 知りません。
▶ 彼女は 韓国語しか 話せません。
▶ 財布に お金が 3000円しか ありません。

제13과
연습

 다음 표를 채워봅시다. (사역형 만들기)

기본형		사역형	기본형		사역형
怒る	화내다		片(かた)づける	정리하다	
来る	오다		する	하다	
待つ	기다리다		泣く	울다	
行く	가다		心(しん)配(ぱい)する	걱정하다	
やめる	끊다, 그만두다		持ってくる	가져오다	
食べる	먹다		洗う	씻다	
喜ぶ	기뻐하다		作る	만들다	
習う	배우다		休む	쉬다	
読む	읽다		手伝う	돕다	
通う	다니다		言う	말하다	
走る	달리다		遊ぶ	놀다	
覚える	외우다		歩く	걷다	
笑う	웃다		歌う	노래하다	
飲む	마시다		踊(おど)る	춤추다	
書く	쓰다		買う	사다	

 예 와 같이 문장을 완성하고 읽어보세요. (사역형 1)

> **예**
>
> 先生：キムさん、宿題を して ください。
> → 先生が キムさんに 宿題を させました。

❶ お母さん：マリコ、野菜を 食べなさい。

　→ _____ 。

❷ 社長：田中君、残業を して ください。

　→ _____ 。

❸ 私：中村さん、アイスクリームを 買ってきて ください。

　→ _____ 。

❹ 先輩：ハンさん、お皿を 洗って ください。

　→ _____ 。

제13과

연습

 예 와 같이 문장을 완성하고 읽어보세요. (사역형 2)

> **예**
>
> 面白い顔をする ・ 子供が 笑う。
> → 面白い顔を して、子供を 笑わせます。

❶ 弟と 喧嘩する ・ 母が 心配する。
   → _____。

❷ 妹を 殴る ・ 妹が 泣く。
   → _____。

❸ 恋人に プレゼントを あげる ・ 恋人が 喜ぶ。
   → _____。

❹ 嘘を つく ・ 両親が 怒る。
   → _____。

 예 와 같이 문장을 완성하고 읽어보세요. (～させて ください)

> **예**
>
> 海外旅行に 行く。
> → 海外旅行に 行かせて ください。

❶ すみません。写真を撮る。
  → _____。

❷ ここに、荷物を置く。
  → _____。

❸ もう少し考える。
  → _____。

❹ ちょっと、トイレを使う。
  → _____。

제13과

연습

 예와 같이 문장을 완성하고 읽어보세요. (～させて もらいます)

> **예**
>
> これから 説明 します。
> → これから 説明 させて もらいます。

❶ 子供の時、ピアノを 習いました。

   → _____。

❷ ここに 座ります。

   → _____。

❸ この 入口から 入っても いいですか。

   → _____。

❹ 自由に 意見を 言いました。

   → _____。

 예 와 같이 문장을 완성하고 읽어보세요. (～しか ～ない)

> **예**
>
> テレビをよく見る・ユチューブを見る
>   A: テレビを よく 見ますか？
>   B: いいえ、ユチューブしか 見ません。

❶ 料理が上手だ・目玉焼(めだまや)きができる
   → A: ＿＿＿＿＿＿＿＿＿＿＿＿＿＿＿＿＿＿＿＿。
      B: いいえ、＿＿＿＿＿＿＿＿＿＿＿＿＿＿＿。

❷ 毎日運動をする・週(しゅう)に1回する
   → A: ＿＿＿＿＿＿＿＿＿＿＿＿＿＿＿＿＿＿＿＿。
      B: いいえ、＿＿＿＿＿＿＿＿＿＿＿＿＿＿＿。

❸ 財布にお金がたくさんある・100円ある
   → A: ＿＿＿＿＿＿＿＿＿＿＿＿＿＿＿＿＿＿＿＿。
      B: いいえ、＿＿＿＿＿＿＿＿＿＿＿＿＿＿＿。

❹ ミカンは残(のこ)っている・リンゴ
   → A: ＿＿＿＿＿＿＿＿＿＿＿＿＿＿＿＿＿＿＿＿。
      B: いいえ、＿＿＿＿＿＿＿＿＿＿＿＿＿＿＿。

 제13과
독해

 문장을 읽고 의미를 파악해 보세요.

母は 私に たくさんの 習い事を させました。

友達と 遊べないので、教室に 行きたくない 時も ありました。

しかし、いろいろな 経験が できたので、

大人になった 今は 感謝して います。

私も 将来、親に なったら、子どもが 習いたいと 思うことは

習わせようと 思います。

제13과
작문

 다음 문장을 일본어로 바꾸어 써보세요.

❶ 언니와 싸움을 해서 부모님을 화나게 했습니다.

❷ 아이에게 야채를 먹이는 것은 어렵다.

❸ 몸상태가 나쁘기 때문에 오늘은 빨리 돌아가게 해주세요.

❹ 이곳에 앉아도 되겠습니까?

❺ 지갑에 돈이 3000엔밖에 없습니다.

제13과
청해

01 내용을 듣고 맞는 그림을 골라 주세요.

02 대화를 듣고 다음 질문에 대답해 주세요.

❶ 男性の 子どもは 何を 習っていますか。

　→ _____ 。

❷ 男性の 子どもは どうして 習い事を 始めましたか。

　→ _____ 。

제13과
한자

| 両
두 량 | りょう　しん
両親
양친(부모님) | りょう　ほう
両方
양쪽 | りょう　て
両手
양손 |

 한자를 쓰면서 읽어 보세요.

おし **教える** 가르치다	教える	教える	教える
ねつ **熱** 열	熱	熱	熱
せい　かく **性格** 성격	性格	性格	性格
はっ　ぴょう **発表** 발표	発表	発表	発表
ざん　ぎょう **残業** 잔업, 야근	残業	残業	残業

쉬어가기 ⑭
홋카이도

자연이 주인인 땅

수천 년 동안 아이누 민족이 자연과 함께 살아온 터전,
홋카이도는 뭔가 다르게 느껴지는 곳이에요.
산도, 바다도, 공기도, 음식도 전부 스케일이 남다르지요.

아이누 사람들은 곰, 불, 바람, 물 같은 자연의 모든 것을
신(카무이)으로 대하며, 자연과 친구처럼
지내는 삶을 이어왔어요.
그래서 홋카이도는 뭔가 다르게 느껴지는 곳이에요.

지금도 홋카이도에서는 자연의 기운이 그대로 느껴져요.
한눈에 펼쳐지는 끝없는 들판, 맑은 호수, 하늘을 가르는 학,
그리고 숲에서 마주치는 여우와 곰까지!
마치 거대한 자연 박물관을 걷는 기분이에요.

겨울은 완전 다른 세계예요. 10월 말이면 눈이 소복이 쌓이고,
2월에 열리는 삿포로 눈축제는 예술 작품 같은 눈 조각들이
도시를 환상적으로 바꿔놔요. 수백 톤의 눈으로 만든 고대 신전,
유명한 캐릭터, 혹은 용과 로봇까지 등장하죠.

또 이곳은 미식가들에게는 천국이에요!
신선한 해산물로 가득한 초밥, 입에서 살살 녹는 소고기,
그리고 일본에서 보기 드문 양고기까지.
여기에 고소한 우유와 진한 맛의 아이스크림,
치즈까지 더하면 입과 마음이 모두 행복해져요.

자연과 문화, 맛이 어우러진 홋카이도는
단순한 여행지가 아니라,
일본 안에 숨겨진 또 하나의 세계예요.

제14과

K-POPのダンスをさせられました。

사역 수동형

제14과 단어

■ 회화

忘年会	ぼうねんかい	송년회
出し物	だしもの	공연, 발표
確か	たしか	아마도, 확실히
	ダンス	댄스
上司	じょうし	상사

■ 문법

歓迎会	かんげいかい	환영회
待ち合わせ	まちあわせ	만남 약속
場所	ばしょ	장소
駅前	えきまえ	역 앞

■ 연습

踊る	おどる	춤추다
報告書	ほうこくしょ	보고서
	にんじん	당근
数学	すうがく	수학
牛丼	ぎゅうどん	소고기덮밥
お土産	おみやげ	선물 (여행 선물)

■ 독해

| お菓子 | おかし | 과자 |
| みそ汁 | みそしる | 된장국 |

제14과

회화

올해 송년회를 앞두고 다나카 씨와 박 씨가 이야기를 나누고 있다.

田中　もうすぐ 忘年会ですね。

パク　そうですね。去年は 出し物の担当で 大変でした。

田中　確か 去年は 新入社員が 歌を 歌わせられましたね。

パク　はい、出し物の担当と 聞いて、準備だけ すれば いいと 思いましたが、出し物を する 担当でした。それで 歌は BTSの歌に しました。

田中　新入社員は 毎年 何か 出し物を させられるんです。私も 新入社員の時、K-POPのダンスを させられました。

パク　そうでしたか。でも、上司や 先輩は 楽しかったと 言って くれたので、よかったです。

제14과
문법

01 사역수동형

		기본형		사역형	
1그룹	[u]단 어미를 [a]단으로 고친 후 + せられる・される	飲む 書く 行く	마시다 쓰다 가다	→ 飲ませられる 飲まされる → 書かせられる 書かされる → 行かせられる 行かされる	어쩔 수 없이 마시다 어쩔 수 없이 쓰다 어쩔 수 없이 가다
	※ 예외 う모음 → わ모음으로	歌う	노래하다	→ 歌わせられる 歌わされる	어쩔 수 없이 노래부르다
	※ [す]로 끝나는 동사는 [される]로 고칠 수 없다.	話す	말하다	→ 話させられる （話さされる ✗）	어쩔 수 없이 말하다
2그룹	어미 [る]를 빼고 + させられる	食べる 覚える	먹다 외우다	→ 食べさせられる → 覚えさせられる	어쩔 수 없이 먹다 어쩔 수 없이 외우다
3그룹	예외이므로 암기한다	する 来る	하다 오다	→ させられる → 来させられる	어쩔 수 없이 하다 어쩔 수 없이 오다

❗ **명사 + に + 사역수동형**　(명사) 때문에 / ~가 시켜서 어쩔 수 없이 ~하다

▶ 恋人に 1時間も 待たせられて 腹が立った。(＝待たされて)

▶ 先輩に 仕事を 手伝わせられて 大変でした。(＝手伝わされて)

▶ 学生の時 先生に 英語の単語を 50個 覚えさせられました。

▶ 私は 母に トイレの掃除を させられました。

▶ ここは 友達に 来させられた。

02 　명사に する ~로 하다

▶ A: 飲み物、何に する？
　　B: 私は コーヒーに するよ。

▶ 新入社員の 歓迎会は いつに しますか。

▶ 明日の 待ち合わせの 場所は 駅前のショッピングセンターに しましょう。

Memo

제14과
연습

 예 와 같이 문장을 완성하고 읽어보세요. (사역수동형 만들기)

기본형		사역수동형	기본형		사역수동형
怒る	화내다		片づける	정리하다	
来る	오다		する	하다	
待つ	기다리다		泣く	울다	
行く	가다		心配する	걱정하다	
やめる	끊다, 그만두다		持ってくる	가져오다	
食べる	먹다		洗う	씻다	
喜ぶ	기뻐하다		作る	만들다	
習う	배우다		休む	쉬다	
読む	읽다		手伝う	돕다	
通う	다니다		言う	말하다	
走る	달리다		遊ぶ	놀다	
覚える	외우다		歩く	걷다	
笑う	웃다		歌う	노래하다	
飲む	마시다		踊る	춤추다	
書く	쓰다		買う	사다	

 예 와 같이 문장을 읽고 해석해보세요. (사역수동형 1)

> 예
>
> 私は 高校の時、先生に 毎日漢字の試験を受けさせられました。
> → 나는 고등학생 때 선생님이 시켜서 매일 한자 시험을 어쩔 수 없이 봤습니다.

❶ 私は カラオケで、上司に 歌を 歌わせられました。
  → _____。

❷ 私は 課長に 報告書(ほうこくしょ)を 書かされました。
  → _____。

❸ 私は 子供の時、母に にんじんを 食べさせられました。
  → _____。

❹ 私は 母に 部屋(へや)の掃除を させられました。
  → _____。

제14과

연습

 예와 같이 문장을 완성하고 읽어보세요. (사역수동형 2)

> **예**
> 数学(すうがく)が 嫌いでしたが、母が 私に 習わせました。
> それで 私は 習いました。
> → 私は 母に 数学を 習わせられました。

❶ キムチが 嫌いでしたが、母が 私に キムチを 食べさせました。
　それで 私は キムチを 食べました。
　→ _____。

❷ お酒が 飲めませんが、先輩が 私に お酒を 飲ませました。
　それで 私は お酒を 飲みました。
　→ _____。

❸ 重要(じゅうよう)な約束が ありましたが、上司が 私に 残業を させました。
　それで 私は 残業を しました。
　→ _____。

❹ とても 寒かったですが、友達が 1時間も 遅れました。
　それで 私は 1時間も 待ちました。
　→ _____。

4 예와 같이 문장을 완성하고 읽어보세요. (～にする)

> 예
> （旅行 ・ どこ ・ 北海道）
> → A: 旅行は どこに しますか？
>   B: 北海道に しましょう。

❶ （会議 ・ 何時 ・ 午後1時）
　→ A: ＿＿＿＿＿＿＿＿＿＿＿＿＿＿＿＿＿＿＿＿＿。
　　B: ＿＿＿＿＿＿＿＿＿＿＿＿＿＿＿＿＿＿＿＿＿。

❷ （食べ物 ・ 何 ・ 牛丼）
　→ A: ＿＿＿＿＿＿＿＿＿＿＿＿＿＿＿＿＿＿＿＿＿。
　　B: ＿＿＿＿＿＿＿＿＿＿＿＿＿＿＿＿＿＿＿＿＿。

❸ （お土産 ・ 何 ・ 東京バナナ）
　→ A: ＿＿＿＿＿＿＿＿＿＿＿＿＿＿＿＿＿＿＿＿＿。
　　B: ＿＿＿＿＿＿＿＿＿＿＿＿＿＿＿＿＿＿＿＿＿。

❹ （チームのリーダー ・ 誰 ・ 吉田さん）
　→ A: ＿＿＿＿＿＿＿＿＿＿＿＿＿＿＿＿＿＿＿＿＿。
　　B: ＿＿＿＿＿＿＿＿＿＿＿＿＿＿＿＿＿＿＿＿＿。

제14과

독해

 문장을 읽고 의미를 파악해 보세요.

私は 子供の時 お菓子と アイスクリームが 大好きでしたが、

母が 全然 食べさせませんでした。

子供の時、毎日 私は 母に 野菜や みそ汁、

魚など 体に いい物だけを 食べさせられました。

子供の時は 食べたくない野菜と 魚を

毎日 食べさせられて 嫌でしたが、

今 考えると よかったと 思います。

제14과

작문

 다음 문장을 일본어로 바꾸어 써보세요.

❶ 애인 때문에 1시간이나 어쩔 수 없이 기다려서 화가 났다.

❷ 학생 때 선생님이 시켜서 영어 단어 50개를 어쩔 수 없이 외웠습니다.

❸ 신입사원 환영회는 언제로 할까요?

❹ 나는 노래방에서 상사가 시켜서 노래를 어쩔 수 없이 불렀습니다.

❺ 나는 엄마가 시켜서 수학을 어쩔 수 없이 배웠습니다.

제14과
청해

01 내용을 듣고 맞는 그림을 골라 주세요.

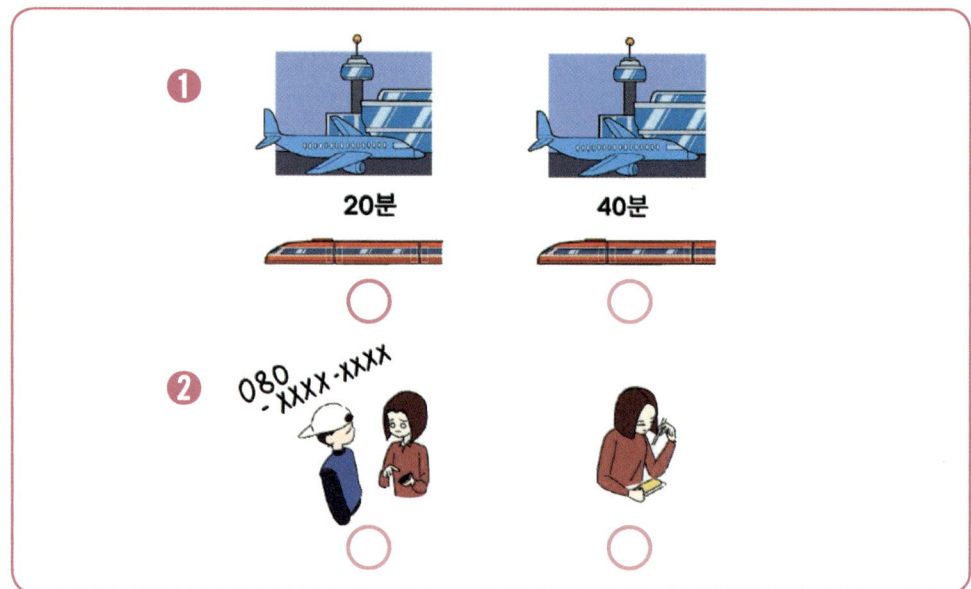

02 대화를 듣고 다음 질문에 대답해 주세요.

❶ 男性は、今日 どんな 練習を しましたか。

→ _____ 。

❷ 練習が 厳しくても 男性たちが 練習するのは なぜですか。

→ _____ 。

 제14과
한자

| 文
글월 문 | ぶん か
文化
문화 | ぶん がく
文学
문학 | さく ぶん
作文
작문 |

 한자를 쓰면서 읽어 보세요.

じょう し 上司 상사	上司	上司	上司
かん げい かい 歓迎会 환영회	歓迎会	歓迎会	歓迎会
ば しょ 場所 장소	場所	場所	場所
ほう こく しょ 報告書 보고서	報告書	報告書	報告書
さむ 寒い 춥다	寒い	寒い	寒い

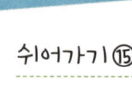

쉬어가기 ⑮

도쿄

중세와 현대의 경계를 넘나드는 스타일

도쿄는 과거와 미래가 '한 골목 너머'에서 인사하는 도시예요.
전통 사찰 앞을 기모노 입은 무녀가 조용히 지나가고,
바로 옆 골목에선 네온빛 헤어에 고딕룩 차림의 10대가
셀카를 찍고 있죠. 이런 극적인 시간의 충돌이야말로
도쿄의 진짜 매력이에요.

아사쿠사 센소지에선 향냄새 속에
에도 시대를 거닐다,
문득 고개를 들면 634미터의 스카이트리가
우뚝 솟은 모습이 눈에 들어와요.
과거와 미래가 한 프레임에 담기는 장면이지요.

메이지 신궁의 고요한 숲길에서는
전통 혼례식이 펼쳐지고,
그 길을 몇 걸음만 더 가면 갑자기
하라주쿠의 컬러가 폭발하지요.
유행의 최전선이 눈앞에 펼쳐지니까요.

카구라자카 같은 골목길에선 돌바닥 길을 걸어
가부키 음악이 흐르는 노포를 지나는데,
결제는 QR코드.
긴자에선 가부키 공연을 보며
앱으로 자막을 실시간 체크해요.
고전도 하이테크도, 모두 도쿄에선 당연한 일상이죠.

서울도 옛 궁궐과 초고층 빌딩이 공존하지만,
도쿄는 그 경계가 훨씬 더 극적이고 놀라워요.
마치 시간 여행자가 되어,
수백 년을 걷다가도
한순간에 미래로
점프하는 듯한 도시예요.

제15과

どちらに お泊（と ま）りに
なって いますか。

존경어

제15과 단어

■ 회화

	ようこそ	어서 오세요
久しぶり	ひさしぶり	오랜만이다
泊まる	とまる	묵다, 숙박하다
朝食	ちょうしょく	아침 식사
召し上がる	めしあがる	드시다(존경어)
	おかげ	덕분

■ 문법

	いらっしゃる	계시다, 오시다, 가시다(존경어)
お昼	おひる	점심
なさる	なさる	하시다(존경어)
ご覧になる	ごらんになる	보시다(존경어)
件	けん	건, 안건
戻る	もどる	돌아가다, 돌아오다
	パンフレット	팸플릿
お食事	おしょくじ	식사
お祝い	おいわい	축하
ご紹介	ごしょうかい	소개
ご案内	ごあんない	안내
ご出発	ごしゅっぱつ	출발
出席	しゅっせき	출석

■ 연습

会議室	かいぎしつ	회의실
	～について	～에 대해서
お宅	おたく	댁
書類	しょるい	서류
	マニュアル	매뉴얼
伝える	つたえる	전하다
連絡先	れんらくさき	연락처

■ 독해

| 表現 | ひょうげん | 표현 |

 제15과

회화

박 씨가 한국에 놀러오신 선생님을 만나서 이야기하고 있다.

パク　先生～!! ようこそ 韓国へ!

先生　あ、パクさん。久しぶりですね。お元気ですか。

パク　はい、おかげさまで 元気です。
　　　先生は いつ 韓国へ いらっしゃいましたか。

先生　3日前に 着きました。

パク　ホテルは どちらに お泊りに なって いますか。

先生　ミョンドンに ある ビジネスホテルに 泊まって います。

パク　朝食は 召しあがりましたか。

先生　はい、ホテルで 食べました。
　　　パクさん、本当に 日本語が 上手に なりましたね。

パク　ありがとうございます。全部 先生のおかげです。

제15과

문법

01 특수 존경어 ~하시다

行く	가다	いらっしゃる	가시다	いらっしゃいます	가십니다
来る	오다	いらっしゃる	오시다	いらっしゃいます	오십니다
いる	있다	いらっしゃる	계시다	いらっしゃいます	계십니다
言う	말하다	おっしゃる	말씀하시다	おっしゃいます	말씀하십니다
する	하다	なさる	하시다	なさいます	하십니다
くれる	주다	くださる	주시다	くださいます	주십니다
見る	보다	ご覧になる	보시다	ご覧になります	보십니다
食べる・飲む	먹다/마시다	召し上がる	드시다	召し上がります	드십니다
知る	알다	ご存じだ	아시다	ご存じです	아십니다

▶ 今 どちらに いらっしゃいますか。

▶ お昼は 召し上がりましたか。

▶ サイズは どう なさいますか。

▶ 資料は ご覧になりましたか。

02 お ＋ 동사 ます형 ＋ に なる ~하시다

帰る	돌아가(오)다	お帰りに なる	돌아가(오)시다
聞く	듣다/묻다	お聞きに なる	들으시다
読む	읽다	お読みに なる	읽으시다
休み・寝る	쉬다/자다	お休みに なる	쉬시다, 주무시다

▶ この件について お聞きに なりましたか。

▶ 佐藤先生は いつ お戻りに なりますか。

▶ 社長は 先ほど お帰りに なりました。

▶ こちらのパンフレットは お読みに なりましたか。

Tip お / ご 붙이기

■ お → 순수한 일본어나, 일상에서 자주 사용하는 한자어

お電話	전화	お名前	이름	お友達	친구	お仕事	일	お料理	요리
お食事	식사	お知り合い	지인	お元気	활기	お祝い	축하	お誕生日	생일

■ ご → 딱딱한 한자어

ご家族	가족	ご紹介	소개	ご結婚	결혼	ご案内	안내	ご心配	걱정
ご出発	출발	ご連絡	연락	ご利用	이용	ご注意	주의	ご住所	주소

※ 예외) ごゆっくり

제15과

문법

03 활용 존경어 (= 수동형)　~하신다

		기본형		사역형	
1그룹	[u]단 어미를 [a]단으로 고친 후 +れる	行く 　가다 休む 　쉬다 会う 　만나다 戻る 　돌아가(오)다	→ → → →	行かれる 休まれる 会われる 戻られる	가시다 쉬시다 만나시다 돌아가(오)시다
2그룹	어미 [る]를 빼고 +られる	食べる 먹다 起きる 일어나다	→ →	食べられる 起きられる	드시다 일어나시다
3그룹	예외이므로 암기한다	する　하다 来る　오다	→ →	される 来られる	하시다 오시다

▶ どちらに 行かれるんですか。

▶ 先生は 何時に 起きられますか。

▶ 明日の パーティーに 出席(しゅっせき)されますか。

▶ 社長は すぐ 来られるそうです。

04 お + 동사 ます형 + ください　~해 주세요

▶ 少々(しょうしょう) お待ち ください。

▶ お名前と ご住所を お書きください。

▶ あの パソコンを お使いください。

▶ どうぞ おかけ ください。

Memo

제15과

연습

 예와 같이 문장을 완성하고 읽어보세요. (특수 존경어)

> 예
>
> 社長は 会議室に いますか。
> → 社長は 会議室に いらっしゃいますか。

❶ 韓国に いつ 来ましたか。

→ _____。

❷ 朝食は 食べましたか。

→ _____。

❸ 明日は 何を しますか。

→ _____。

❹ 明日の会議のことを 知って いますか。

→ _____。

 예와 같이 문장을 완성하고 읽어보세요. (お + 동사ます형 + に なる)

> 예
>
> お名前を 書きましたか。
> → お名前を お書きに なりましたか。

❶ 資料を 読みましたか。

→ _____ 。

❷ いつ 出かけますか。

→ _____ 。

❸ その件に ついて 聞きましたか。

→ _____ 。

❹ 何時に 帰りますか。

→ _____ 。

제15과

연습

 예 와 같이 문장을 완성하고 읽어보세요. (활용 존경어)

> **예**
> 朝食を 食べましたか。
> → 朝食を 食べられましたか。

❶ いつ 来ましたか。

→ _____。

❷ 書類(しょるい)は 書きましたか。

→ _____。

❸ 何時ごろ 戻りますか。

→ _____。

❹ どちらへ 行きますか。

→ _____。

 **4** 예 와 같이 문장을 완성하고 읽어보세요. (お + 동사 ます형 + ください)

> 예
>
> マニュアルを 読んで ください。
> → マニュアルを お読み ください。

❶ 少々 待って ください。

　→ _____。

❷ 必要な 物が ありましたら、呼んで ください。

　→ _____。

❸ このメッセージを 課長に 伝えて ください。

　→ _____。

❹ 連絡先を 書いて ください。

　→ _____。

 제15과
독해

 문장을 읽고 의미를 파악해 보세요.

日本で アルバイトを するためには

「いらっしゃいませ。ご注文 なさいますか。

サイズは どう なさいますか。こちらで 召し上がりますか。

こちら ご覧に なりますか。以上で よろしいですか。

少々 お待ち ください。お持ち帰りですか。」などの

表現を 覚えなければ なりません。

제15과

작문

 다음 문장을 일본어로 바꾸어 써보세요.

❶ 자료는 보셨습니까?
------

❷ 점심은 드셨습니까?
------

❸ 이 건에 대해 들으셨습니까?
------

❹ 내일 파티에 출석하십니까?
------

❺ 이름과 주소를 써 주세요.

제15과
청해

01 내용을 듣고 맞는 그림을 골라 주세요.

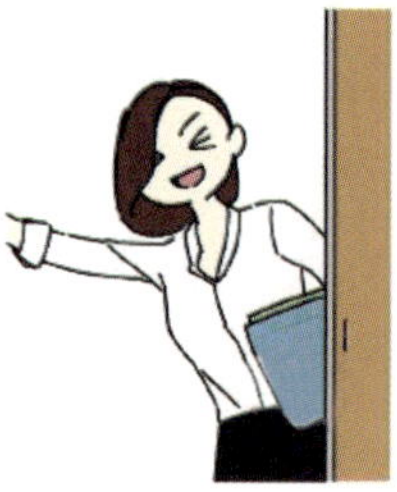

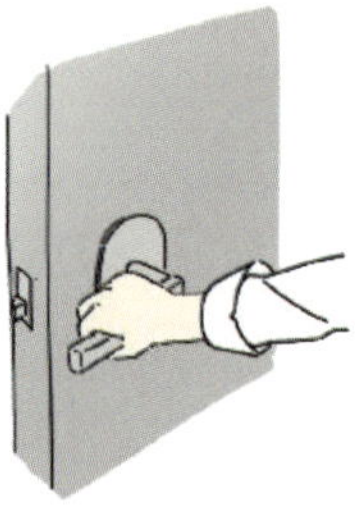

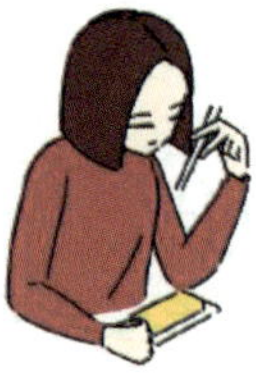

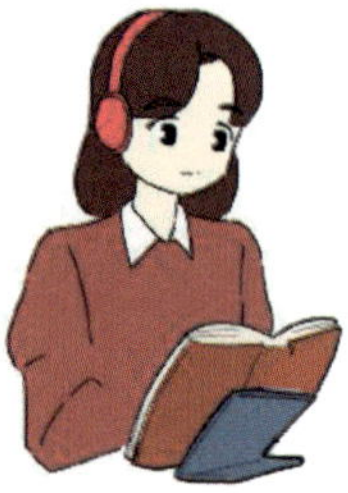

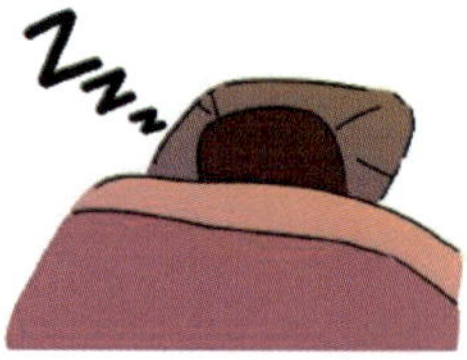

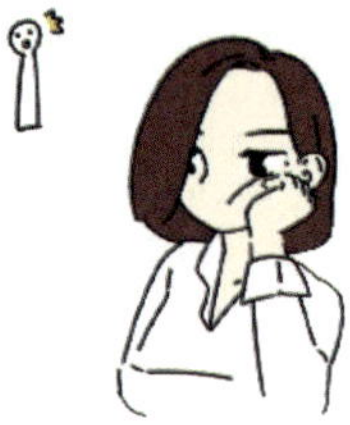

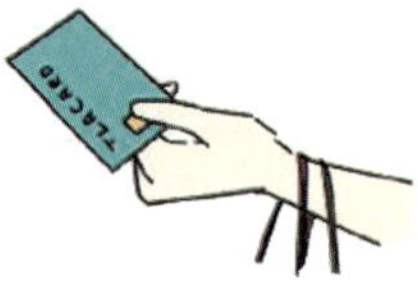

제15과
한자

| 所
바 소 | ちょうしょ
長所
장점 | ばしょ
場所
장소 | ところ
所
곳, 장소 |

 한자를 쓰면서 읽어 보세요.

しりょう 資料 자료	資料	資料	資料
しょるい 書類 서류	書類	書類	書類
よ 呼ぶ 부르다	呼ぶ	呼ぶ	呼ぶ
いじょう 以上 이상	以上	以上	以上
ひょうげん 表現 표현	表現	表現	表現

쉬어가기 ⑯ 발음 연습

틀리지 않고 빨리 말하기

말이 술술~ 혀가 꼬이지 않게 말해볼까요?
"간장 공장 공장장은 강 공장장이고, 된장 공장 공장장은 장 공장장이다."
"경찰청 철창살은 외철창살이고, 검찰청 철창살은 쌍철창살이다."
한번에 막힘 없이 말할 수 있나요? 쉽지 않죠?
이런 걸 '혀 꼬이는 말' 또는 '발음 놀이'라고 해요.

일본에도 이런 말놀이가 있어요!
바로 'はやくちことば(早口言葉)'!
"빠른 말"이라는 의미로,
가능한 한 빠르고, 막힘 없이,
정확하게 말하는 언어 놀이지요.
일본어 발음 연습이나
언어 훈련에도 많이 쓰여요.
이제 일본어 빠른 말놀이에
도전해볼까요?
3번 연속으로 정확하게
말할 수 있는지 시험해 보세요!

- 新人歌手新春シャンソンショー
- しんじんかしゅ しんしゅん しゃんそんしょー
- 신인가수 신춘 샹송쇼

- 隣の客は よく柿食う客だ
- となりのきゃくは よく かきくう きゃくだ
- 옆 손님은 감을 잘 먹는 손님이다

- 東京特許許可局
- とうきょう とっきょ きょかきょく
- 도쿄 특허 허가국

- 赤巻き紙 青巻き紙黄巻き紙
- あかまきがみ あおまきがみ きまきがみ
- 빨간 두루마리, 파란 두루마리, 노란 두루마리

그리고 이번에는 발음은 어렵지 않지만,
의미를 생각하며 속도감 있게 말해야 하는 문장이에요.
머리로 이해하면서 말해 보세요!

- わかった？わからない？わかったら「わかった」と、わからなかったら「わからなかった」と言わなかったら、わかったかわからなかったかわからないじゃないの。わかった？
- 알았어？ 몰라？ 알았으면 "알았어"라고 하고, 몰랐으면 "몰랐어"라고 말하지 않으면, 알았는지 몰랐는지 모르잖아. 알겠어？

이런 말놀이는
단순한 재미뿐만 아니라,
발표, 낭독, 연기, 외국어 발음 연습에도
정말 큰 도움이 된답니다!
자, 이제 여러분의 혀와 머리를
풀어볼 차례예요. 준비되셨나요？

제16과

ソウルのいい観光地をご案内します。

겸양어

제16과 단어

■ 회화

観光地	かんこうち	관광지
楽しみ	たのしみ	기대, 즐거움
	いただく	받다 (겸양어)
見せる	みせる	보여주다
冬休み	ふゆやすみ	겨울 방학
	ごろごろ	빈둥빈둥
頼む	たのむ	부탁하다

■ 문법

訪ねる	たずねる	방문하다
参る	まいる	가다, 오다 (겸양어)
	おる	있다 (겸양어)
申す	もうす	말하다 (겸양어)
致す	いたす	하다 (겸양어)
拝見する	はいけんする	보다 (겸양어)
	さしあげる	드리다 (겸양어)
お目にかかる	おめにかかる	뵙다 (겸양어)
存じる	ぞんじる	알다 (겸양어)
伺う	うかがう	여쭙다, 찾아뵙다 (겸양어)
	ござる	있다 (겸양어, 고어체)
願う	ねがう	원하다, 바라다
管理者	かんりしゃ	관리자

■ 연습

| 電話番号 | でんわばんごう | 전화번호 |
| 紙袋 | かみぶくろ | 종이봉투 |

■ 독해

預かる	あずかる	맡다, 보관하다
後	あと	뒤, 후
番組	ばんぐみ	방송 프로그램
	スポンサー	스폰서

제16과

회화

야마다 씨가 스승님에게 보여드리고 싶은 곳을 안내하겠다고 이야기하고 있다.

先生　これは 大阪(おおさか)の お土産(みやげ)です。どうぞ。

山田　ありがとうございます、先生。
　　　今日、私が ソウルのいい観光地(かんこうち)を ご案内(あんない)します。

先生　本当ですか。ありがとう。楽(たの)しみですね。

山田　日本で、先生に 色々(いろいろ) 教えて いただいたので、
　　　今日は 私が 韓国の すてきな所を
　　　先生に お見せしたいと思います。

先生　山田さんは 今日、時間 大丈夫だったんですか。

山田　はい、冬休(ふゆやす)みなので、家で ごろごろして おりました。

先生　そうですか。じゃ、今日、よろしく 頼(たの)みますね。

제16과

문법

01 특수 겸양어 ~하다, ~해 드리다

行く	가다	参る
来る	오다	参る
いる	있다	おる
言う	말하다	申す
する	하다	致す
見る	보다	拝見する
食べる・飲む	먹다, 마시다	いただく
もらう	받다	いただく
あげる	주다	さしあげる
会う	만나다	お目にかかる
知る	알다	存じる
聞く	듣다, 묻다	伺う
訪ねる	방문하다	伺う
ある	있다	ござる（ございます）

▶ はじめまして。キム・ハナと 申します。
　どうぞ よろしく お願い致します。

▶ まもなく 電車が 参ります。

▶ 今、ソウルに 住んで おります。

▶ 伺いたいことが あるんですが、お時間 よろしいですか。

02 お + 동사 ます형 + する　~하다, ~해 드리다

持つ 들다, 가지다	お持ち する
手伝う 돕다	お手伝い する
送る 보내다	お送り する
呼ぶ 부르다	お呼び する

▶ 先生、その 荷物は 私が お持ち します。

▶ 管理者(かんりしゃ)を お呼び しますので、少々 お待ち ください。

▶ 大変そうですが、お手伝い しましょうか。

▶ メールで 連絡先を お送り します。

제16과
연습

 예 와 같이 문장을 완성하고 읽어보세요. (특수 겸양어)

> 예
>
> 田中先生の電話番号を 知って います。
> → 田中先生の電話番号を 存(ぞん)じて います。

❶ 私は 韓国から 来ました。
　→ _____ 。

❷ 私は 山田と いいます。
　→ _____ 。

❸ 聞きたいことが あります。
　→ _____ 。

❹ これは 先生から もらいました。
　→ _____ 。

 예 와 같이 문장을 완성하고 읽어보세요. (お+동사 ます형+する)

> 예
>
> メールを 送りました。
> → メールを お送り しました。

❶ ちょっと 手伝いましょうか。
   → _____。

❷ 紙袋に 入れました。
   → _____。

❸ 待たせました。
   → _____。

❹ 担当者を 呼びます。
   → _____。

제16과

독해

 문장을 읽고 의미를 파악해 보세요.

皆さんが 日本に 行ったら、次のような言葉を

よく 聞くと思いますから、覚えて おいて ください。

駅では「まもなく 電車が 参ります。」

食堂の店員には「かしこまりました。すぐ お持ち します。」

マートの店員には 「1000円 お預かり いたします。」

ドラマが 終わった 後は

「この番組は ご覧のスポンサーで お送りいたしました」

などです。

제16과

작문

   다음 문장을 일본어로 바꾸어 써보세요.

❶ 여쭤보고 싶은 게 있는데요, 시간 괜찮으신가요?
　---

❷ 선생님 그 짐은 제가 들겠습니다.
　---

❸ 관리자를 불러올 테니까 조금 기다려 주세요.
　---

❹ 다나카 선생님의 전화번호를 알고 있습니다.
　---

❺ 좀 도와드릴까요?

제16과
청해

01 내용을 듣고 맞는 알파벳을 골라 주세요.

02 대화를 듣고 다음 질문에 대답해 주세요.

❶ お客さんは 何を 注文しましたか。

　→ _____ 。

❷ 店員は まず 何を しなければ なりませんか。

　→ _____ 。

 제16과
한자

| 
참여할 참 | さん か

참가 | じ さん

지참 | まい

가다, 오다의 겸양어 |

 한자를 쓰면서 읽어 보세요.

かん げい かい 歓迎会 환영회	歓迎会	歓迎会	歓迎会
あん ない 案内 안내	案内	案内	案内
かん り しゃ 管理者 관리자	管理者	管理者	管理者
かみ ぶくろ 紙袋 종이봉투	紙袋	紙袋	紙袋
こと ば 言葉 말, 단어	言葉	言葉	言葉

부록

해석과 정답

해석 - 제1과

■ 회화

박: 요스케 씨의 취미는 무엇인가요?
요스케: 저의 취미는 책을 읽는 거예요.
박: 항상 어떤 책을 읽어요?
요스케: 소설을 읽거나 에세이를 읽거나 해요.
박: 저는 추리소설을 좋아하는데, 하나 추천해 주세요.
요스케: 글쎄요. 히가시노 게이고라는 작가의 소설을 읽어 본 적이 있나요?
박: 아니요. 아직이요.
요스케: 그럼, 그의 소설을 읽는 편이 좋아요. 세계적으로 인기입니다.

■ 문법

01
▶ 어제는 입학식이었다.
▶ 오늘 아침은 눈이 왔다.
▶ 동네는 조용했다.
▶ 교통은 편리했다.
▶ 머리가 조금 아팠다.
▶ 날씨는 좋았다.

02
▶ 어제는 하루 종일 비가 내렸다.
▶ 친구와 영화를 봤다.
▶ 백화점에서 쇼핑을 했다.
▶ 어제보다 일찍 왔다.

03
▶ 이쪽은 예전에 선생님이셨던 분입니다.
▶ 여기는 옛날에 교통이 불편했던 곳입니다.
▶ 일본에서 가장 맛있었던 음식은 무엇입니까?
▶ 이것은 일본에 갔을 때 샀습니다.

04
▶ 커피는 그 날 기분에 따라 아이스로 하거나 뜨거운 걸로 하거나 합니다.
▶ 스즈키 씨는 성실하기도 하고 불성실하기도 합니다.
▶ 그 가게의 주먹밥은 크기도 하고 작기도 합니다.
▶ 주말에는 주로 친구를 만나거나 집에서 책을 읽거나 합니다.

05
▶ 몸 상태가 나쁠 때는 집에 돌아가서 쉬는 편이 좋습니다.
▶ 시험 날에는 좀더 일찍 일어나는 편이 좋습니다.
▶ 바람이 강하기 때문에 스카프를 하는 편이 좋습니다.
▶ 나중에 오는 편이 좋을까요?

06
▶ 저는 3년 전에 일본에 간 적이 있습니다.
▶ 이 음식을 먹은 적이 있습니까?
▶ 아직 인터넷으로 쇼핑을 한 적은 없습니다.
▶ 여기에 온 적이 있습니까?

■ 독해

저는 교환유학생으로 1년간 일본에서 산 적이 있습니다.
일본에 있었을 때, 일본인에게 한국어를 가르친 적이 있습니다.
한국어를 가르치면서 일본인과 한국어로 이야기하거나 함께 한국요리를 만들어서 먹거나 했습니다.
다양한 요리를 만들었는데, 그 중에서도 '잡채'가 가장 인기였습니다.
함께 야채를 씻거나 자르거나 하면서 한국와 일본 요리에 대해서 많은 이야기를 했습니다.

해석 - 제2과

■ 회화

야마다: 윤 씨, 혼자 사는 것은 외롭지 않나요?
윤: 물론 외로울 때도 있지만, 저는 괜찮아요.
야마다: 윤 씨는 주말에는 무엇을 하나요?
윤: 약속이 없는 날은 주로 집에서 쉽니다.
　　　야마다 씨는 주말에 무엇을 하나요?
야마다: 저는 집에 혼자 있는 것을 별로 좋아하지 않기 때문에 항상 약속을 만들어서 외출해요.
윤: 친구를 만나나요?
야마다: 네, 친구를 만나거나 혼자서 운동을 하거나 해요.
윤: 운동은 헬스장에서 하나요?
야마다: 아니요, 헬스장에는 다니고 있지 않아요.

■ 문법

01
▶ 약속은 오늘이 아니다.
▶ 이것은 내 것이 아니다.
▶ 이 문제는 간단하지 않다.
▶ 노래는 능숙하지 않다.
▶ 집에서 여기까지 별로 멀지 않다.
▶ 화면이 크지 않다.

02
▶ 내일은 학교에 가지 않는다.
▶ 나는 담배를 피우지 않는다.
▶ 단 빵은 먹지 않는다.
▶ 그는 애인이 없다.
▶ 오늘은 공부하지 않는다.
▶ 아무도 오지 않는다.

03
▶ 그것은 내가 보고 싶은 영화가 아니었다.
▶ 후쿠오카의 교통은 별로 편리하지 않았다.
▶ 어제 먹은 라면은 맛있지 않았다.
▶ 어제는 아무 데도 가지 않았다.

04
▶ 약속은 비가 오지 않는 날로 합시다.
▶ 빨강은 내가 별로 좋아하지 않는 색입니다.
▶ 그는 별로 차갑지 않은 음료수를 좋아합니다.
▶ 저는 모르는 일입니다.
▶ 이 가방은 세일이 아니었던 날에 샀습니다.
▶ 옛날에 여기는 교통이 편리하지 않았던 곳입니다.
▶ 별로 즐겁지 않았던 가족여행이었습니다.
▶ 어제 오지 않은 사람은 한 씨뿐입니다.

■ 독해

저는 언니를 정말 싫어합니다.
지금까지 저의 언니만큼 성격이 나쁜 사람은 본 적이 없습니다.
우리 집에는 방이 두 개밖에 없습니다.
하나는 부모님이 사용하고 있고,
다른 하나는 언니와 제가 사용하고 있습니다.
우리들은 성격이 전혀 다릅니다.
저는 사용한 물건은 바로 정리하는데,
언니는 전혀 정리하지 않습니다.
그래서 우리들은 매일 싸움을 하고 있습니다.

해석 - 제3과

■ **회화**

야마다: 무슨 일 있었어요?
다나카: 요즘 하루종일 졸려요. 특히 아침에 일어나는 것이 제일 힘들어요.
야마다: 그래요? 요즘 운동은 하고 있나요?
다나카: 아니요. 운동은 바빠서 하고 있지 않아요.
야마다: 건강을 휘해서는 운동을 해야 해요. 꼭 하세요. 매일은 하지 않아도 좋지만, 일주일에 3회 이상은 하는 편이 좋아요. 그리고 인스턴트 음식도 먹지 말아요.
다나카: 네, 알겠어요.
야마다: 아, 커피도 가능하면 마시지 않는 편이 좋아요. 대신 비타민을 드세요.

■ **문법**

01
- 이 사과는 씻지 않고 먹어도 됩니다.
- 샐러드에 드레싱을 뿌리지 않고 먹습니다.
- 어렸을 때는 공부하지 않고 놀았습니다.
- 회의에는 오지 않고 회식에는 왔습니다.

02
- 수업 중이니까 교실에 아직 들어오지 마세요.
- 오늘 낸 숙제는 잊지 마세요.
- 이제부터는 결석도 지각도 하지 마세요.
- 길이 붐비니까 이쪽으로 오지 마세요.

03
- 구글 지도를 봐도 길을 몰라서 약속에 늦었습니다.
- 후지산이 보이지 않아서 실망했습니다.
- 우리 아이는 공부를 하지 않아서 곤란합니다.
- 오리엔테이션에 오지 않아서 기숙사 신청을 하지 못했습니다.

04
- 이름은 쓰지 않으면 안 되지만, 주소는 쓰지 않아도 됩니다.
- 내일은 휴일이니까 일찍 일어나지 않아도 됩니다.
- 이번에는 참가하지 않아도 되지만, 다음엔 반드시 참가해주세요.
- 노트북은 필요하지 않으니까 가지고 오지 않아도 됩니다.

05
- 감기에 걸렸을 때는 목욕을 하지 않는 편이 좋습니다.
- 달기 때문에 설탕은 이 이상 넣지 않는 편이 좋습니다.
- 그는 지금 바쁘니까 몇 번이나 전화를 하지 않는 편이 좋습니다.
- 방해되니까 오늘은 오지 않는 편이 좋습니다.

06
- 외국에 갈 때는 여권을 갖고 가지 않으면 안 됩니다.
- 다이어트를 위해 야채를 먹지 않으면 안 됩니다.
- 건강을 위해 운동을 하지 않으면 안 됩니다.
- 담당자는 회장에 9시까지 오지 않으면 안 됩니다.

■ **독해**

여러분! 시험 날에는 지각하지 마세요.
시험은 9시부터이지만, 8시 30분까지 교실에 들어가지 않으면 안 됩니다.
시간에 주의해주세요.
그리고 ID카드도 잊지 마세요.
또 주차장이 좁으니까 차는 가져 오지 마세요.

해석 - 제4과

■ **회화**

야마다: 이제 곧 새해인데. 윤 씨는 내년부터 하고 싶은 일이 있어요?
윤: 네, 내년에는 프랑스어를 배울 생각이에요.
야마다: 그거 좋네요.
윤: 야마다 씨는 어때요?
야마다: 저는 차를 사려고 생각하고 있어요.
윤: 어떤 차를 사고 싶으세요?
야마다: 출근을 위해 살 차이기 때문에, 작은 차를 살 생각이에요.
윤: 그렇군요. 큰 차보다는 작은 차 쪽이 편리하지요.

■ **문법**

01

Ⓐ ▶ 친구가 올 때까지 여기에서 기다려야지.
▶ 오늘은 푹 자야지.
▶ 이제부터는 열심히 공부해야지.
▶ 학생이 무엇을 하고 있을지 살짝 보고 와야지.

Ⓑ ▶ 슬슬 집에 돌아가자.
▶ 교과서 단어를 전부 외우자.
▶ 같이 연습해서 이 곡을 마스터하자.
▶ 내년에 또 같이 오자.

02

▶ 이번 주말에 동료와 등산을 하러 가려고 생각합니다.
▶ 올해는 JLPT N2 시험을 보려고 생각합니다.
▶ 내년에 일본에 유학하려고 생각합니다.
▶ 오픈캠퍼스에 갖다 오려고 생각합니다.

03

▶ 건강을 위해서 물을 많이 마시는 편이 좋습니다.
▶ 프레젠테이션을 위해 자료를 모으고 있습니다.
▶ 살을 빼기 위해 열심히 운동하고 있습니다.
▶ 유학을 가기 위해 일본어 공부를 시작했습니다.

04

▶ 앞으로도 일본어는 계속할 생각입니다.
▶ 건강을 위해 일찍 자고 일찍 일어날 생각입니다.
▶ 다음달부터 헬스장에서 운동을 할 생각입니다.
▶ 살을 빼기 위해 이제부터 디저트는 사오지 않을 생각입니다.

■ **독해**

저는 내년에 일본어능력시험을 치를 생각이기 때문에
더 열심히 공부하려고 생각합니다.
지금까지는 지각이 많았지만,
이제부터 지각을 하지 않을 생각입니다.
지금까지는 단어를 별로 외우지 않았지만
이제부터 매일 조금씩 외우려고 생각하고 있습니다.
지금까지는 숙제도 전혀 하지 않았지만,
이제부터 숙제도 제대로 하려고 생각합니다.

해석 - 제5과

■ **회화**

요스케: 어제는 왜 학원에 오지 않았어?

박: 갈 생각이었는데, 학교에서 돌아오고 나서 갑자기 열이 나 버려서.

요스케: 그랬구나. 모두 걱정했어.

박: 학원에 연락한 게 늦었어서.

요스케: 지금은 괜찮아?

박: 응. 오늘 아침에 병원에 가서 약을 받아와서 먹었어.

요스케: 열은 내렸어?

박: 응. 이젠 괜찮아.

■ **문법**

01

A ▶ 오늘은 휴일이다. 푹 쉬어야지.
▶ 저 분은 학생이 아니다.
▶ 어렸을 때 되고 싶었던 직업은 의사였다.
▶ 어제는 비가 내리지 않았다.

B ▶ 일본어 선생님은 항상 친절하시다.
▶ 다나카 씨는 피아노가 능숙하지 않다.
▶ 어렸을 때, 축구를 좋아했다.
▶ 청소 전에는 깨끗하지 않았다.

C ▶ 요즘 일이 바쁘다.
▶ 오늘은 아무데도 가고 싶지 않다.
▶ 어제 날씨는 나빴다.
▶ 영화는 별로 재미있지 않았다.

D ▶ 지금 비가 내리고 있다.
▶ 이것은 비싸니까 사지 않겠다.
▶ 조금 지쳤다.
▶ 어제는 아무데도 가지 않았다.

■ **독해**

어제는 가족과 함께 피크닉을 갔다.
아침에는 흐렸기 때문에 비가 걱정되었지만 오후에는 매우 좋은 날씨가 되었다.
엄마가 만든 주먹밥과 닭튀김이 맛있어서 동생과 전부 먹었다.
그리고 아빠와 배드민턴도 쳐서 즐거웠다.

해석 - 제6과

■ 회화

김: 요스케 씨, 왜 점심을 안 먹는 거예요?
요스케: 아침부터 배가 아파서요.
김: 어제는 뭐를 먹었어요?
요스케: 어제 우유를 마셨는데, 조금 이상한 맛이 났어요. 소비기한이 지났는데 괜찮겠지 싶어서 그만…. 그런데 약을 먹었으니까 금방 좋아질 거라고 생각해요.
김: 여름에는 음식을 조심하는 편이 좋아요. 조금이라도 이상하다고 생각되면 먹지 말아요.
요스케: 네~.
김: 병원에는 가지 않아도 괜찮아요?
요스케: 아마 괜찮을 거라고 생각해요.

■ 문법

01
▶ 내일 좋은 날씨면 함께 산책하지 않겠습니까?
▶ 감기가 아니면 수영장에 가고 싶습니다.
▶ 만일 내일 한가하면 함께 차라도 마시지 않겠습니까?
▶ 무리가 아니면 토요일에 다시 와 주세요.
▶ 가격이 비싸면 사지 않을 생각입니다.
▶ 몸 상태가 좋지 않으면 오지 않아도 괜찮습니다.
▶ 공항에 도착하면 메시지를 보내주세요.
▶ 만일 이번 주말 비가 내리지 않으면 등산하러 가지 않겠습니까?

02
▶ 실은 저, BTS의 팬이거든요.
▶ 요즘 수면 부족으로 힘들거든요.
▶ 무슨 일 있는 거예요? 안색이 안 좋아요.
▶ 아침부터 배가 아프거든요.
▶ 어디에 가는 겁니까?
▶ 잠깐 볼일이 있어서 시부야에 가는 겁니다.

03
▶ 오늘은 여동생의 생일이라서 초콜릿을 사 주었다.
▶ 이것은 간단하기 때문에 금방 할 수 있습니다.
▶ 춥기 때문에 히터를 켰습니다.
▶ 전철이 늦어져서 조금 지각했습니다.

04
▶ 아직 초등학생인데도 영어가 유창하네요.
▶ 일본어가 능숙한데도 전혀 말하지 않는다.
▶ 추운데도 반팔입니까?
▶ 잊지 않겠다고 약속했는데도 또 잊어버렸습니다.

■ 독해

항상 활기찬 하야시 씨인데 오늘은 기운이 없었기 때문에,
선생님은 하야시 씨에게 '무슨 일 있었어요?'라고 물었습니다.
한 번도 결석하지 않고 열심히 공부하고 있는 미키 씨인데, 어제 갑자기 결석을 해서
선생님은 미키 씨에게 '무슨 일 있었어요?'라고 물었습니다.
항상 공부하지 않고 놀고 있는 다나카 군이 어느 날 열심히 공부하고 있었기 때문에,
선생님은 다나카 군에게 '무슨 일 있었어요?'라고 물었습니다.

해석 – 제7과

■ 회화

윤: 야마다 씨, 오늘 점심은 역 앞에 있는 중국 요리집에서 먹을까요?

야마다: 그 가게는 한 번 먹은 적이 있는데, 별로 맛이 없었거든요.

윤: 그래요? 그럼, 오늘 점심은 어디에서 먹을까요?

야마다: 제가 좋은 가게를 찾아두었으니까 오늘은 거기로 가요.

윤: 그래요? 저는 저렴하면 어디든 좋아요. 어떤 가게예요?

야마다: 여기예요. 윤 씨도 마음에 들 거라고 생각해요.
가격도 저렴하고, 튀김도 있고, 초밥도 있고, 고기도 있고, 종류도 많거든요.

윤: 뷔페인데, 7천 원은 저렴하네요.

■ 문법

01
- 평일에 쉰다면 무엇을 할 겁니까?
- 비가 오지 않으면 다 같이 갈 겁니다.
- 싫다면 하지 않아도 괜찮습니다.
- 잘 생기지 않으면 모델은 할 수 없습니다.
- 더우면 창문을 열어도 좋습니다.
- 날씨가 나쁘지 않으면 드라이브하러 갈 생각입니다.
- 다음 전철을 타면 제 시간에 갈 수 있습니다.
- 두 사람은 닮았기 때문에 보면 금방 알 수 있습니다.
- 인터넷으로 주문하면 좀더 저렴합니다.
- 내일 몇 시에 오면 됩니까?
- 독감은 병원에 가지 않으면 일찍 낫지 않습니다.
- 스스로 해보지 않으면 모릅니다.
- 내일 시험이기 때문에 공부하지 않으면 안 됩니다.
- 짐이 되니까 가져오지 않았으면 좋았을 텐데.

02
- 아직 아이니까 괜찮습니다.
- 야채를 싫어하니까 먹고 싶지 않다.
- 위험하니까 운전하면서 휴대폰을 보지 마세요.
- 커피를 마셨기 때문에 전혀 잘 수 없었다.

03
- 오늘은 비도 오고, 돈도 없고, 일찍 가고 싶다.
- 그는 잘생겼고, 친절하고, 성실해서 좋아합니다.
- 이 아파트는 역에서 가깝고, 집세도 저렴해서 아주 좋습니다.
- 스마트폰이 있으면 메일도 보낼 수 있고, 게다가 게임도 할 수 있어.
- A: 여행은 어땠습니까?
  B: 춥기도 했고, 비도 많이 와서 최악이었습니다.

04
- 저 분은 분명히 영어 선생님이라고 생각합니다.
- 지인 중에서 미키 씨가 가장 예쁘다고 생각합니다.
- 일본어는 정말 재미있다고 생각합니다.
- 아마 내일은 비가 내리지 않을 거라고 생각합니다.

■ 독해

저는 지금 살고 있는 아파트가 마음에 듭니다.
집세도 저렴하고, 방도 넓고, 근처에 마트와 공원도 있고….
작년까지 살았던 아파트는 최악이었습니다.
집세도 비쌌고 방도 좁았고 역도 멀었고….
근처에 마트도 없었기 때문에 매우 불편했습니다.
지금의 아파트로 이사해서 정말 다행이라고 생각합니다.

해석 - 제8과

■ 회화

박: 윤 씨가 늦네요.
야마다: 제가 연락해 볼게요.
  – 전화를 걸어서
야마다: 여보세요. 윤 씨, 지금 어디에요?
윤: 미안해요. 아직 버스 안이에요.
  상당히 늦을지도 모르겠어요.
  사고로 길이 아주 붐벼서 버스가 거의 움직이지 않아요.
야마다: 따뜻해지면 외출하고 싶어지니까 차가 많은 걸지도 몰라요.
  그래서 사고가 났던 거겠죠.
윤: 그렇지요. 봄이 되어 외출하는 사람이 늘었어요.
  가게도 사람이 많을 거 같으니.
  야마다 씨는 박 씨와 먼저 들어가 계세요.
야마다: 네, 알겠어요. 조심히 오세요.
윤: 네, 고마워요.

■ 문법

01
▶ 봄이 되면 다양한 꽃이 많이 핍니다.
▶ 똑바로 가면 버스정류장이 보입니다.
▶ 책을 읽으면 항상 졸리게 됩니다.
▶ 이 버튼을 누르면 멈춥니다.

02
▶ 아들은 이제 곧 스무살이 됩니다.
▶ 열심히 공부해서 일본어가 능숙해졌습니다.
▶ 술을 마시면 얼굴이 빨개집니다.
▶ 요즘 아침밥을 먹게 되었습니다.

03
▶ 저 분은 기무라 씨의 언니일지도 모릅니다.
▶ 스즈키 씨는 비싼 기타를 갖고 있으니까 기타가 능숙할지도 모릅니다.
▶ 추울지도 모르니까 긴 팔옷을 가져 가는 편이 좋습니다.
▶ 그는 약속을 잊었을지도 모릅니다.

04
▶ 오늘은 일요일이니까 그 가게는 휴일이겠지요.
▶ 어머니가 예쁘시니까 따님도 예쁘겠지요.
▶ 눈도 내렸으니까 내일은 아마 춥겠지요.
▶ A: 이 색, 제게 어울릴까요?
  B: 피부가 하얘서 잘 어울릴 거라고 생각해요.

05
▶ 경찰을 보고 도망쳤으니까 그가 범인이 분명합니다.
▶ 시험이 끝났기 때문에 야마다 씨는 한가할 것이 분명합니다.
▶ 이 시계는 비쌀 것이 분명합니다.
▶ 저 레스토랑은 항상 사람이 많으니까 인기가 있는 것이 분명합니다.

■ 독해

저는 영어 시험에 떨어져 버렸습니다.
한 달 동안 영어 시험을 위해 단어를 확실히 외우고 듣기 연습도 많이 했습니다.
매일 2시간씩 열심히 공부했는데 떨어져 버린 것입니다.
어째서 떨어진 걸까요?
무엇이 좋지 않았던 걸까요?
영어 시험에 붙기 위해서는 어떻게 하면 좋을까요?

해석 - 제9과

■ 회화

요스케: 윤 씨, 공항에는 뭘 타고 가는 게 좋을까요?
윤: 공항이라면 리무진버스로 가는 편이 좋겠어요.
요스케: 예약이 필요한가요?
윤: 네. 요즘엔 이용하는 사람이 많아서 예약을 안 하면, 타고 싶은 시간대에 타지 못할 때가 있어요. 게다가 예약하면 할인도 받을 수 있어요.
요스케: 그래요? 어떻게 예약해요?
윤: 이 어플로 예약할 수 있어요. 어플의 버튼을 누르기만 해도 간단히 예약할 수 있어요.
요스케: 아, 그래요? 고마워요.

■ 문법

01
▶ A: 가족과 함께 온천에 가려고 합니다. 어딘가 좋은 곳이 있으면 소개해 주세요.
　B: 온천이라면 홋카이도가 좋지요.
▶ A: 지금 감기로 몸 상태가 좋지 않습니다.
　B: 감기라면 무리하지 말고 오늘은 푹 쉬세요.

02
▶ 로비에서는 와이파이를 무료로 사용할 수 있습니다.
▶ 연습을 해서 질문에 일본어로 대답할 수 있게 되었다.
▶ 이 공간에서는 요리를 할 수 있습니다.
▶ 다음주 파티에 올 수 있습니까?

03
▶ 간단한 한자라면 읽을 수 있습니다.
▶ 저는 낫토를 먹을 수 있습니다.
▶ 이 운동장이라면 언제든지 달리는 연습을 할 수 있습니다.
▶ 이번 공부모임에는 올 수 있습니까?
▶ 중국어를 배운 적이 없기 때문에 중국어를 말할 수는 없습니다.
▶ 인스타그램에서 그의 스토리를 볼 수 없습니다.
▶ 대설로 오늘은 출근할 수 없습니다.
▶ 버스 파업으로 오늘은 학교에 갈 수 없을 거라고 생각했습니다.

■ 독해

저와 제 친구는 하지 못하는 일이 하나씩 있습니다.
저는 회를 먹지 못합니다.
그래서 모두와 같이 회를 먹으러 간 적이 없습니다.
유미 씨는 전혀 헤엄치지 못합니다.
그래서 우리들은 바다에도 별로 가지 않습니다.
유미 씨는 차가 무서워서 자동차 운전을 하지 못합니다.
그래서 유미 씨를 만날 때는 제가 차를 가지고 갑니다.

해석 - 제10과

■ **회화**

야마다: 동아리는 정했어요?
박: 아직이요. 실은 과학부에 들어가고 싶은데, 선생님이 엄격할 것 같아 망설이고 있어요.
야마다: 과학부 선생님이라면 야마시타 선생님을 말하는군요.
친구가 그러는데, 야마시타 선생님은 아주 상냥하신 분이래요.
박: 정말이에요?
야마다: 네, 게다가 재미있는 선생님이라고 해요.
박: 그래요? 다행이다. 야마다 씨는 동아리 정했어요?
야마다: 저도 아직이에요. 그런데 저는 하이킹부가 재미있을 거 같아요.
박: 선배가 그러는데, 하이킹부는 주말마다 등산하러 간다고 하는데, 등산은 좋아해요?
야마다: 아니요. 실은 저는 등산은 아주 싫어해요.
박: 그럼 하이킹부는 그만 두는 게 좋겠네요.

■ **문법**

01
▶ 김 씨의 결혼 상대는 일본인이라고 하네요.
▶ 친구에 의하면, 그 가게는 그다지 친절하지 않다고 합니다.
▶ 뉴스에 의하면, 내일은 바람이 강하다고 합니다.
▶ 일기예보에 의하면, 다음주는 계속 비가 내린다고 합니다.

02
Ⓐ ▶ 다나카 씨는 성실해 보입니다.
▶ 이 시계, 비싸 보이네.
▶ 당장이라도 비가 내릴 것 같습니다.
Ⓑ ▶ 다나카 씨는 성실해 보이는 학생입니다.
▶ 비싸 보이는 시계를 차고 있네요.
▶ 비가 내릴 것 같은 날씨입니다.
Ⓒ ▶ 다나카 씨는 한가한 듯이 TV를 보고 있습니다.
▶ 맛있는 듯이 케익을 먹고 있습니다.
▶ 큰 나무가 당장이라도 쓰러질 듯이 서 있다.

03
▶ 사이트의 평가가 1.5라면 좋은 가게는 아닐 것 같습니다.
▶ 이 프로젝트는 그다지 힘들어 보이지는 않네.
▶ 밝지 않을 것 같은 사람이네요.
▶ 피곤해서 내일은 일찍 일어나지 못할 거 같습니다.

■ **독해**

여러분은 이런 경험 없습니까?
상냥해 보이는 사람이지만, 사귀어 보니 전혀 상냥하지 않다거나.
성실해 보이는 사람이지만, 사귀어 보니 전혀 성실하지 않다거나.
맛있어 보이는 요리이지만, 먹어 보니 전혀 맛있지 않다거나.
머리가 좋아 보이는 사람이지만, 가르쳐 보니 전혀 머리가 좋지 않다거나.
따뜻해 보이는 옷이지만, 입어 보니 전혀 따뜻하지 않다거나.

해석 – 제11과

■ 회화

윤: 다나카 씨는 전화를 해도 받지 않네요.
야마다: 아, 다나카 씨는 여행 갔어요. 모르셨어요?
윤: 정말이에요? 요즘 일이 힘들다고 말했기 때문에, 바쁠 거라고 생각했어요.
야마다: 일도 그만뒀다더라고요.
윤: 지친 모양이군요. 여행은 어디로 갔어요?
야마다: 그건 모르지만, 다나카 씨의 SNS를 봤더니 에펠탑 사진이 있었으니까. 파리로 간 것 같아요.
윤: 기분전환이 되면 좋겠네요.

■ 문법

01
▶ 이건 요즘 인기가 있는 것 같네요. 다들 갖고 있습니다.
▶ 다나카 씨는 항상 차를 마시고 있다. 커피를 싫어하는 것 같다.
▶ 한 씨는 졸린 모양입니다. 아까부터 계속 하품을 하고 있습니다.
▶ 청소를 한 모양이네요. 깨끗해졌습니다.

02
▶ 그녀는 디저트를 먹지 않으니까, 다이어트 중인 것 같네요.
▶ 그는 요즘 행복한 것 같아. 항상 방긋방긋 웃고 있어.
▶ 하야시 씨는 바쁜 것 같습니다. 전화를 받지 않습니다.
▶ 감기에 걸린 것 같네요. 일찍 집에 가서 쉬는 게 좋겠어요.

03
▶ 그녀는 노래를 잘해서, 마치 가수인 것 같다.
▶ 우리 아빠와 같은 사람과 결혼하고 싶습니다.
▶ 그녀는 마치 모델처럼 키가 큽니다.

04
▶ 오후부터 비가 올 거래요. 우산 가지고 가세요.
▶ 저 가게에서 하는 아르바이트는 힘들다더라고요.
▶ 지나치게 자는 것도 몸에는 안 좋다더라고요.
▶ 일본어 시험은 내년부터 더 어려워진다더라고요.

■ 독해

요즘 아이들은 꿈이 없는 것 같아요.
'미래에 뭐가 되고 싶어요?'라고 물으면
'아직 몰라요'라고 대답하는 아이가 많습니다.
그리고 '유명한 사람 중에서 누구를 제일 좋아해요?'라고 물으면
'특별히 없어요'라고 대답하는 아이가 많습니다.
유명한 사람에게도 그다지 관심이 없는 것 같습니다.

해석 - 제12과

■ 회화

야마다: 왜 그래요? 힘이 없어 보이네요.
소라: 아까 교무실에 불려가서 선생님께 혼났어요.
야마다: 무슨 일 있었어요?
소라: 어제 학교수업을 빼먹어서 선생님께 혼났어요.
야마다: 수업을 빼먹었어요? 그건 소라 씨가 잘못했네요.
소라: 네, 지금 후회하고 있어요.
야마다: 수업을 빼먹고 뭐 했어요?
소라: 친구가 권해서 노래방에 갔어요. '빅에코'라는 노래방이었는데 음향이 좋았어요.
야마다: 가끔 공부하기 싫은 마음이 드는 것은 저도 이해하지만, 수업을 빼먹으면 안 돼요.
소라: 네, 반성하고 있어요.

■ 문법

01
▶ 매일밤 게임을 해서 엄마한테 혼났습니다.
▶ 거짓말을 해서 애인에게 차였습니다.
▶ 어렸을 때 형에게 맞은 적이 있습니다.
▶ 손님이 오셔서 쉬지 못했습니다.
▶ A: 무슨 일 있으세요? 기뻐 보여요.
　B: 사장님께 칭찬받아서 너무 기뻐요.

02
▶ '토토로하우스'라는 일본어 학원에 다니고 있습니다.
▶ 조금 전에 다나카라는 분에게서 전화가 왔습니다.
▶ 역 앞에 있는 '리본'이라는 가게 알고 있어?

■ 독해

저는 지금까지 단 한 번, 아버지에게 맞은 적이 있습니다.
고등학교 2학년 때의 일입니다.
그때 저는 아버지 지갑에서 돈을 훔쳐 옷을 샀습니다.
하지만 아버지에게는 친구한테 받은 옷이라고 거짓말을 했습니다.
나중에 아버지에게 그 거짓말이 들통나서 맞았습니다.
그때 아버지는 정말 무서웠습니다.

해석 - 제13과

■ **회화**

소라: 야마다 씨는 지금 어디에서 일본어를 가르치고 있어요?
야마다: 일본어 학원에서 고등학생들에게 일본어를 가르치고 있어요.
소라: 고등학생을 가르치는 건 힘들지 않아요?
야마다: 힘들어요. 오늘은 몸 상태가 안 좋으니까 빨리 집에 가게 해달라든가, 열이 있으니까 쉬게 해달라든가 해요.
소라: 힘드시겠네요.
야마다: 네. 게다가 집중을 하지 않으니까, 게임 하면서 단어를 외우게 하고 있어요.
소라: 그 밖에는 어떤 걸 하세요?
야마다: 책을 읽게 하거나 발표를 시키기도 해요.
소라: 저는 어렸을 때, 여러 사람 앞에서 발표하라고 해서 한 적이 있는데, 별로 좋아하지 않았습니다.
야마다: 그렇겠네요. 학원에서도 수줍음이 많은 성격의 아이는 '네'와 '아니요'밖에 대답하지 않아요.
소라: 그렇군요. 어렵네요.

■ **문법**

01
Ⓐ ▶ 언니와 싸워서 부모님을 화나게 했습니다.
▶ 저는 남동생을 울린 적이 있습니다.
▶ 로봇이 있다면 제 대신에 청소를 시키고 싶습니다.
Ⓑ ▶ 어머니는 저에게 5살 때부터 영어를 배우게 하셨습니다.
▶ 어젯밤에 저는 여동생에게 라면을 끓이게 했습니다.
▶ 아이에게 채소를 먹게하는 것은 어렵다.

02
▶ 몸 상태가 안 좋으니까 오늘은 일찍 돌아가게 해주세요.
▶ 예습을 했으니까 책은 제가 읽게 해주세요.
▶ 사인하기 전에 잠깐 생각하게 해주세요.

03
▶ 열이 조금 있기 때문에 일찍 돌아가게 해주세요.
▶ 어렸을 때 부모님께서 피아노를 배우게 해주셨습니다.
▶ 여기에 앉아도 괜찮습니까?

04
▶ 그 이야기는 선생님밖에 모르십니다.
▶ 그녀는 한국어밖에 하지 못합니다.
▶ 지갑에 돈이 3,000엔밖에 없습니다.

■ **독해**

어머니는 저에게 많은 배우는 일을 시키셨습니다.
친구들과 놀지 못하기 때문에 배우는 곳에 가고 싶지 않을 때도 있었습니다.
하지만 여러 가지 경험을 할 수 있었기 때문에, 어른이 된 지금은 감사하고 있습니다. 저도 장래에 부모가 되면 아이가 배우고 싶다고 생각하는 것은 배우게 하려고 생각합니다.

해석 - 제14과

■ 회화

다나카: 곧 송년회네요.
박: 그러네요. 작년에는 장기자랑 담당이라서 힘들었어요.
다나카: 아마도 작년엔 신입사원들이 노래를 불렀었지요?
박: 네, 장기자랑 담당이라고 들어서 준비만 하면 된다고 생각했는데, 장기자랑을 하는 담당이었어요. 그래서 노래는 BTS의 노래로 했었지요.
다나카: 신입사원은 매년 어떤 장기자랑을 하게 되지요. 저도 신입사원 때 K-POP 댄스를 했어요.
박: 그랬어요? 그래도 상사나 선배는 재미있었다고 말해 줘서 다행이었지요.

■ 문법

01
▶ 애인 때문에 1시간이나 기다리게 되어 화가 났다.
▶ 선배의 일을 어쩔 수 없이 돕게 되어 힘들었습니다.
▶ 학생 때, 선생님이 영어 단어를 50개 외우라고 해서 할 수 없이 외웠습니다.
▶ 저는 엄마가 화장실 청소를 하라고 해서 할 수 없이 했습니다.
▶ 여기는 친구가 오라고 해서 할 수 없이 왔다.

02
▶ A: 음료수, 무엇으로 할래?
　 B: 나는 커피로 할게.

▶ 신입사원 환영회는 언제로 하겠습니까?
▶ 내일 만남의 장소는 역 앞에 있는 쇼핑 센터로 합시다.

■ 독해

저는 어렸을 때 과자랑 아이스크림을 아주 좋아했지만,
어머니는 전혀 먹게 해주시지 않았습니다. 어렸을 때 저는 매일 어머니가 채소나 된장국, 생선 등 몸에 좋은 것만 먹으라고 해서 먹었습니다.
어렸을 때는 먹고 싶지 않은 채소랑 생선을 매일 억지로 먹어서 싫었지만, 지금 생각하면 잘한 일이라고 생각합니다.

해석 - 제15과

■ **회화**

박: 선생님, 한국에 오신 걸 환영합니다!
선생님: 아, 박 씨. 오랜만이네요. 잘 지냈어요?
박: 네, 덕분에 잘 지냈습니다.
　　선생님은 언제 한국에 오셨어요?
선생님: 3일 전에 도착했어요.
박: 호텔은 어디에 묵고 계세요?
선생님: 명동에 있는 비즈니스 호텔에 묵고 있어요.
박: 아침은 드셨어요?
선생님: 네, 호텔에서 먹었어요.
　　박 씨, 정말 일본어가 많이 늘었네요.
박: 감사합니다. 전부 다 선생님 덕분이에요.

■ **문법**

01
▶ 지금 어디에 계십니까?
▶ 점심은 드셨습니까?
▶ 사이즈는 어떻게 하시겠습니까?
▶ 자료는 보셨습니까?

02
▶ 이 건에 대해서 들으셨습니까?
▶ 사토 선생님은 언제 돌아오십니까?
▶ 사장님은 조금 전에 돌아오셨습니다.
▶ 이 팸플릿을 읽으셨습니까?

03
▶ 어느 쪽으로 가십니까?
▶ 선생님은 몇 시에 일어나십니까?
▶ 내일 파티에 출석하십니까?
▶ 사장님은 금방 오신다고 합니다.

04
▶ 잠시만 기다려 주십시오.
▶ 성함과 주소를 적어 주십시오.
▶ 저 컴퓨터를 사용해 주십시오.
▶ 앉아 주십시오.

■ **독해**

일본에서 아르바이트를 하기 위해서는
'어서 오세요.
주문하시겠습니까?
사이즈는 어떻게 하시겠습니까?
여기에서 드시고 가시겠습니까?
이쪽을 보시겠습니까?
이것으로 괜찮으시겠습니까?
잠시만 기다려 주십시오.
포장이십니까?'와 같은 표현을
외우지 않으면 안 됩니다.

해석 - 제16과

■ 회화

선생님: 이건 오사카에서 사 온 선물이에요. 받아요.
야마다: 감사합니다, 선생님.
　　　　오늘은 제가 서울의 좋은 관광지를 안내해 드리겠습니다.
선생님: 정말이에요? 고마워요. 기대되네요.
야마다: 일본에서 선생님께 여러 가지 가르침을 받았으니까
　　　　오늘은 제가 한국의 멋진 곳을
　　　　선생님께 보여드리고 싶습니다.
선생님: 야마다 씨는 오늘 시간 괜찮았어요?
야마다: 네, 여름방학이라서 집에서 뒹굴뒹굴하고 있었습니다.
선생님: 그래요? 그럼, 오늘 잘 부탁할게요.

■ 독해

여러분이 일본에 가면, 다음과 같은 말을 자주 듣게 될 거라고 생각하니 기억해 두세요.
역에서는 '곧 전철이 들어오겠습니다'
식당의 점원에게는 '알겠습니다. 금방 가져다 드리겠습니다'
마트의 점원에게는 '1,000엔 맡겠습니다'.
드라마가 끝난 후에는
'이 방송은 보고 계신 협찬사의 지원으로 보내드렸습니다' 등입니다.

■ 문법

01
▶ 처음 뵙겠습니다. 김하나라고 합니다.
　부디 잘 부탁드리겠습니다.
▶ 곧 전철이 들어오겠습니다.
▶ 지금 서울에 살고 있습니다.
▶ 여쭙고 싶은 것이 있는데, 시간 괜찮으실까요?

02
▶ 선생님, 그 짐은 제가 들어드리겠습니다.
▶ 관리자를 불러드릴 테니 잠시만 기다려 주십시오.
▶ 힘들어 보이시는데, 도와드릴까요?
▶ 메일로 연락처를 보내드리겠습니다.

정답 - 제1과

■ 연습 1

	た형
風邪	風邪だった
約束	約束だった
休み	休みだった
上手だ	上手だった
きれいだ	きれいだった
暇だ	暇だった
有名だ	有名だった
真面目だ	真面目だった

	た형
いい	よかった
寒い	寒かった
暑い	暑かった
面白い	面白かった
うれしい	うれしかった
痛い	痛かった
難しい	難しかった

■ 연습 2

	명사 수식형
歌手	歌手だった 人
新入社員	新入社員だった 人
工場	工場だった 所
学生	学生だった 時
雨	雨だった 日
元気だ	元気だった 人
好きだ	好きだった 映画
暇だ	暇だった 日曜日
すてきだ	すてきだった モデル
新鮮だ	新鮮だった 魚
痛い	痛かった 歯
いい	よかった 所
かわいい	かわいかった 猫
高い	高かった パソコン
暑い	暑かった 日本

■ 연습 3

	た형
話す	話した
作る	作った
見る	見た
死ぬ	死んだ
読む	読んだ
行く	行った
消す	消した
歩く	歩いた

	た형
遊ぶ	遊んだ
待つ	待った
する	した
買う	買った
泳ぐ	泳いだ
着る	着た
来る	来た

■ 연습 4

	명사 수식형
飲む	昨日 飲んだ 薬
入る	教室に 入った 人
終わる	もう 終わった 授業
ある	机の上に あった 本
いる	教室に いた 先生
会う	昨日 会った 友達
行く	昨日 行った 食堂
教える	先生が 教えた 単語
寝る	昨日 寝た 部屋
消す	姉が 消した メッセージ
食べる	レストランで 食べた 料理
聞く	ラジオで 聞いた ニュース
歌う	カラオケで 歌った 歌
遊ぶ	友達を 遊んだ 所
読む	去年読んだ小説

■ 연습 5

① 授業が 終わった 後電話してください。
② ここは、昔パン屋だった店です。
③ 昔賑やかだった町だが、今は静かだ。
④ これは私が読みたかった雑誌です。

■ 연습 6

① 家ではたいてい勉強をしたり、家族と食事をしたりします。
② 昼ご飯のメニューはラーメンだったり、カレーだったりします。
③ アルバイトは暇だったり、忙しかったりします。
④ 風邪を引くと、頭が痛かったり、お腹が痛かったりします。

■ 연습 7
① 運動した方がいいです。
② 早く起きた方がいいです。
③ 病院に行った方がいいです。
④ ゲームする時間を減らした方がいいです。

■ 연습 8
① A: 沖縄に行ったことがありますか。
　 B: いいえ、沖縄に行ったことはありません。
② A: バイオリンを習ったことがありますか。
　 B: はい、バイオリンを習ったことがあります。
③ A: 芸能人を見たことがありますか。
　 B: いいえ、芸能人を見たことはありません。
④ A: 日本人と話したことがありますか。
　 B: はい、日本人と話したことがあります。

■ 작문
① これは日本に行った時買いました。
② 週末はたいてい友達に会ったり、家で本を読んだりします。
③ 試験の日はもっと早く起きた方がいいです。
④ 3年前に、日本に（へ）行ったことがあります。
⑤ 授業が終わった後電話してください。

■ 청해 1
① 右　　② 左

■ 청해 2
① 恋人と買い物をしてから帰りました。
② 仕事は忙しくありませんでした。

정답 - 제2과

■ 연습 1

	〜ない (부정)	〜なかった (과거부정)
休み	休みじゃない	休みじゃなかった
外国人	外国人じゃない	外国人じゃなかった
子供	子供じゃない	子供じゃなかった
試験	試験じゃない	試験じゃなかった
元気だ	元気じゃない	元気じゃなかった
静かだ	静かじゃない	静かじゃなかった
暇だ	暇じゃない	暇じゃなかった
真面目だ	真面目じゃない	真面目じゃなかった
便利だ	便利じゃない	便利じゃなかった
痛い	痛くない	痛くなかった
いい・よい	よくない	よくなかった
優しい	優しくない	優しくなかった
暑い	暑くない	暑くなかった
辛い	辛くない	辛くなかった
寂しい	寂しくない	寂しくなかった

■ 연습 2

	〜ない (부정)	〜なかった (과거부정)
飲む	飲まない	飲まなかった
来る	来ない	来なかった
ある	ない	なかった
いる	いない	いなかった
会う	会わない	会わなかった
行く	行かない	行かなかった
話す	話さない	話さなかった
覚える	覚えない	覚えなかった
働く	働かない	働かなかった
遊ぶ	遊ばない	遊ばなかった
待つ	待たない	待たなかった
泳ぐ	泳がない	泳がなかった
知る	知らない	知らなかった
食べる	食べない	食べなかった
する	しない	しなかった

■ 연습 3

① 明日暇じゃない人。
昨日暇じゃなかった人。
② 明日来ない人。
昨日来なかった人。
③ 明日テストを受けない人。
昨日テストを受けなかった人。
④ 明日忙しくない人。
昨日忙しくなかった人。

■ 연습 4

① 体の調子がよくない時は無理しない方がいいです。
② あまりまじめじゃない人は付き合わない方がいいです。
③ 母がいなかった時は私が料理を作りました。
④ 宿題をしなかった人は手を挙げてください。

■ 작문

① この問題は簡単じゃない。
② 昨日はどこへも (＝どこにも) 行かなかった。
③ 私は知らないことです。
④ あまり楽しくなかった家族旅行でした。
⑤ 宿題をしなかった人は手を挙げてください。

■ 청해 1

① 右　② 右

■ 청해 2

① 用事があって行かなかったです。
② 風邪をひいて、薬を飲みました。

정답 - 제3과

■ 연습 1
① 宿題をしないで寝ました。
② 砂糖を入れないでコーヒーを飲みます。
③ エレベーターに乗らないで階段で行きます。
④ 母に連絡しないで友達の家へ遊びに行きました。

■ 연습 2
① 大丈夫ですから、心配しないでください。
② 風が強いですから、外に出ないでください。
③ 授業がありますから、欠席しないでください。
④ 風邪ですから、無理しないでください。

■ 연습 3
① いいえ、休みですから、バイトに行かなくてもいいです。
② いいえ、朝ご飯を遅く食べましたから、昼ご飯は食べなくてもいいです。
③ いいえ、プリントがありますから、ノートに書かなくてもいいです。
④ いいえ、玉ねぎは家にありますから、買わなくてもいいです。

■ 연습 4
① どこにも行かない方がいいです。
② シャワーを浴びない方がいいです。
③ 残業をしない方がいいです。
④ ゲームをしない方がいいです。

■ 연습 5
① 将来のために色々な資格を取らなければなりません。
② 日本語能力試験のために漢字を覚えなければなりません。
③ 次の日のために早く寝なければなりません。
④ 家族のために一生懸命働かなければなりません。

■ 작문
① このリンゴは洗わないで食べてもいいです。
② 富士山が見えなくてがっかりしました。
③ ノートパソコンは必要じゃないですから、持ってこなくてもいいです。
④ 風邪を引いた時は、お風呂に入らない方がいいです。
⑤ ダイエットのために野菜を食べなければなりません。

■ 청해 1
① 右 ② 右

■ 청해 2
① 名前と電話番号を書かなければなりません。
② 住所は書かなくてもいいです。

정답 – 제4과

■ 연습 1

	의지형
寝る	寝よう
送る	送ろう
話す	話そう
休む	休もう
もらう	もらおう
受ける	受けよう
予約する	予約しよう
急ぐ	急ごう
借りる	借りよう
手伝う	手伝おう
辞める	辞めよう
呼ぶ	呼ぼう
出す	出そう
言う	言おう
入る	入ろう

	의지형
買う	買おう
行く	行こう
見る	見よう
遊ぶ	遊ぼう
帰る	帰ろう
頑張る	頑張ろう
来る	来よう
会う	会おう
持っていく	持っていこう
始める	始めよう
払う	払おう
見せる	見せよう
飲む	飲もう
取る	取ろう
運動する	運動しよう

■ 연습 2

① 12時に会おう。
② 一緒に帰ろう。
③ ゆっくり話そう。
④ 悪いことは忘れよう。

■ 연습 3

① 明日からダイエットしようと思っています。
② 夏休みに海外旅行に行こうと思っています。
③ 日本語能力試験を受けようと思っています。
④ 来年は運転免許を取ろうと思っています。

■ 연습 4

① 健康のために野菜を食べるつもりです。
② 健康のためにお酒を飲まないつもりです。
③ 健康のためにお水をたくさん飲むつもりです。
④ 健康のためにジムに通うつもりです。

■ 작문

① 友達が来るまでここで待とう。
② 教科書の単語を全部覚えよう。
③ やせるために一生懸命運動をしています。
④ 今日は早く家に帰って早く寝ようと思っています。
⑤ 健康のためにお水をたくさん飲むつもりです。

■ 청해 1

① 右　② 右

■ 청해 2

① スキーが大好きですから、長野に行くつもりです。
② 長野は雪がたくさん降る所で、スキー好きたちにとても人気がある所です。

정답 - 제5과

■ 연습 1

현재 긍정	현재 부정	과거 긍정	과거 부정
暇だ	暇じゃない	暇だった	暇じゃなかった
先生	先生じゃない	先生だった	先生じゃなかった
元気だ	元気じゃない	元気だった	元気じゃなかった
面白い	面白くない	面白かった	面白くなかった
暑い	暑くない	暑かった	暑くなかった
休み	休みじゃない	休みだった	休みじゃなかった
難しい	難しくない	難しかった	難しくなかった
上手だ	上手じゃない	上手だった	上手じゃなかった
いい	よくない	よかった	よくなかった
便利だ	便利じゃない	便利だった	便利じゃなかった
静かだ	静かじゃない	静かだった	静かじゃなかった
厳しい	厳しくない	厳しかった	厳しくなかった
寒い	寒くない	寒かった	寒くなかった
雨	雨じゃない	雨だった	雨じゃなかった
有名だ	有名じゃない	有名だった	有名じゃなかった

■ 연습 2

현재 긍정	현재 부정	과거 긍정	과거 부정
行く	行かない	行った	行かなかった
食べる	食べない	食べた	食べなかった
する	しない	した	しなかった
買う	買わない	買った	買わなかった
待つ	待たない	待った	待たなかった
遊ぶ	遊ばない	遊んだ	遊ばなかった
来る	来ない	来た	来なかった
死ぬ	死なない	死んだ	死ななかった
帰る	帰らない	帰った	帰らなかった
飲む	飲まない	飲んだ	飲まなかった
泳ぐ	泳がない	泳いだ	泳がなかった
降る	降らない	降った	降らなかった
知る	知らない	知った	知らなかった
いる	いない	いた	いなかった
ある	ない	あった	なかった

■ 연습 3

① B：ううん、時間ない。
② B：うん、忙しい。
③ B：ううん、雨じゃない。
④ B：うん、行く。

■ 연습 4

① B：ハンサムだったけど、やさしくなかった。
② B：靴は高かったけど、かばんは安かった。
③ B：食べ物はおいしかったけど、交通費は安くなかった。
④ B：先生は厳しかったけど、勉強は楽しかった。

■ 연습 5

① B：帰らない方がいい。
② B：行ったことはない。
③ B：飲まない方がいい。
④ B：行かなくてもいい。

■ 작문

① 昨日は雨じゃなかった。
② これは高いから買わない。
③ 昨日はどこにも行かなかった。
④ 文法は簡単だったけど、漢字はやさしくなかった。
⑤ 食べ物はおいしかったけど、交通費は安くなかった。

■ 청해 1

① 左　　② 右

■ 청해 2

① ミーティングルームで会います。
② 来週の発表の順番についてキムさんの意見を聞きたいから。

정답 - 제6과

■ 연습 1

	~たら ~라면	~なかったら ~(하)지 않는다면
春	春だったら	春じゃなかったら
大人	大人だったら	大人じゃなかったら
休み	休みだったら	休みじゃなかったら
暇だ	暇だったら	暇じゃなかったら
有名だ	有名だったら	有名じゃなかったら
便利だ	便利だったら	便利じゃなかったら
簡単だ	簡単だったら	簡単じゃなかったら
いい・よい	よかったら	よくなかったら
寒い	寒かったら	寒くなかったら
忙しい	忙しかったら	忙しくなかったら
辛い	辛かったら	辛くなかったら
難しい	難しかったら	難しくなかったら
冷たい	冷たかったら	冷たくなかったら
暖かい	暖かかったら	暖かくなかったら
痛い	痛かったら	痛くなかったら

■ 연습 2

	~たら ~한다면	~なかったら ~(하)지 않는다면
行く	行ったら	行かなかったら
着く	着いたら	着かなかったら
当たる	当たったら	当たらなかったら
買う	買ったら	買わなかったら
会う	会ったら	会わなかったら
ある	あったら	なかったら
いる	いたら	いなかったら
起きる	起きたら	起きなかったら
する	したら	しなかったら
話す	話したら	話さなかったら
帰る	帰ったら	帰らなかったら
入る	入ったら	入らなかったら
降る	降ったら	降らなかったら
来る	来たら	来なかったら
止む	止んだら	止まなかったら

■ 연습 3

① 授業が早く終わったら、一緒にコーヒーでも飲みませんか。
② 今週末天気がよかったら、一緒に野球を見に行きませんか。
③ カンナム駅に着いたら、電話してください。
④ 今無理だったら、後でしてください。

■ 연습 4

① 雨が降らなかったら、山登りに行きましょう。
② 明日雨じゃなかったら、出かけましょう。
③ 時間がなかったら、来なくてもいいです。
④ 忙しくなかったら、ちょっと手伝ってくれませんか。

■ 연습 5

① B: 重要な約束があるんです。
② B: 映画館の中だったんです。
③ B: 昨日歌をたくさん歌ったんです。
④ B: インターネットより高かったんです。

■ 연습 6

① 明日はテストがあるので買い物はちょっと。
② 今日は母の誕生日なので今日はちょっと。
③ 体調が悪かったので欠席してしまいました。
④ 漢字が分からないのでひらがなで書いてしまいました。

■ 연습 7

① ダイエット中なのにチキンを食べてしまいました。
② ゲームをしないと母と約束をしたのにまたゲームをしてしまいました。
③ お酒を飲んではいけないのにまたお酒を飲んでしまいました。
④ メモをしたのに結婚記念日を忘れてしまいました。

■ 작문

① 値段が高かったら買わないつもりです。
② 空港に着いたら、メッセージを送ってください。
③ 最近寝不足で大変なんです。
④ これは簡単なのですぐできます。
⑤ 忘れないと約束したのにまた忘れてしまったんです。

■ 청해 1

① 左   ② 左

■ 청해 2

① いいえ、もらいませんでした。
② いいえ、甘くなくてもやっぱりパンはダイエットしている時は、食べてはいけないと言っています。

정답 - 제7과

■ 연습 1

	~ば	~なければ
雨	雨ならば	雨じゃなければ
午後	午後ならば	午後じゃなければ
簡単だ	簡単ならば	簡単じゃなければ
嫌だ	嫌ならば	嫌じゃなければ
新鮮だ	新鮮ならば	新鮮じゃなければ
安い	安ければ	安くなければ
いい	よければ	よくなければ
遠い	遠ければ	遠くなければ
寒い	寒ければ	寒くなければ
買う	買えば	買わなければ
ある	あれば	なければ
する	すれば	しなければ
降る	降れば	降らなければ
行く	行けば	行かなければ
来る	来れば	来なければ
読む	読めば	読まなければ
見る	見れば	見なければ
出る	出れば	出なければ
寝る	寝れば	寝なければ
食べる	食べれば	食べなければ

■ 연습 2

① 暖かければ山登りに行くつもりです。
② 安ければ買うつもりです。
③ 体調が悪くなければ参加するつもりです。
④ 約束がなければ図書館に行って勉強するつもりです。

■ 연습 3

① 何を買えばいいですか。
② いつ連絡すればいいですか。
③ どうやって行けばいいですか。
④ 誰に聞けばいいですか。

■ 연습 4

① 雨が降っているから、傘を持っていってください。
② 入口だから、車を止めないでください。
③ 最近流行っているから、このデザインの服を買った方がいいです。
④ 家に電話をしたから、今日は遅く帰ってもいいです。

■ 연습 5

① B: お腹が痛いし、食欲がないから食べないんです。
② B: 賑やかだし、家から近いからよく行くんです。
③ B: 値段も安いし、料理も美味しいからお客さんが多いんです。
④ B: 残業も多かったし、給料も安かったからやめたんです。

■ 연습 6

① B: その授業は難しいですが、面白いと思います。
② B: 留学は将来のために行った方がいいと思います。
③ B: 二人はたぶん結婚すると思います。
④ B: 明日はたぶん降らないと思います。

■ 작문

① 天気が悪くなければドライブに行くつもりです。
② インフルエンザは病院に行かなければ、早く治りません。
③ 野菜が嫌いだから食べたくない。
④ 彼はハンサムだし親切だし真面目だから好きです。
⑤ あの方はきっと英語の先生だと思います。

■ 청해 1

① 左   ② 左

■ 청해 2

① はい。先週、終わりました。
② 問題も難しかったし、朝からずっとお腹も痛かったから、大変だったと言っています。

정답 - 제8과

■ 연습 1

	～なる
ユーチューバー	将来、ユーチューバーに なりたいです。
いい	よく なりました。
作る	パンを 作るように なりました。
暗い	夜になって、暗く なりました。
有名だ	有名に なったら、いいなあ。
好きだ	アイドルが 好きに なりました。
行かない	結局、行かないように なりました。
静かだ	最近、静かに なりました。
上手だ	上手に なるために、頑張ります
秋	秋に なって、寂しい。
忙しい	会社に入って、忙しく なりました。
暖かい	春になると 暖かく なります。
多い	連休で、人が 多く なりました。
大人	大人に なってから、つまらなくなりました。
食べたい	お腹が 空いて、食べたく なりました。

■ 연습 2

① 一生懸命練習をすると、上手になります。
② 12月になると、寒くなります。
③ お酒を飲むと、顔が赤くなります。
④ 復習をしないと、すぐ忘れるようになります。

■ 연습 3

① 今も待っているかもしれませんから、連絡してみた方がいいと思います。
② 日にちが変わったかもしれませんから、チェックしてみた方がいいと思います。
③ 忘れるかもしれませんから、メモした方がいいと思います。
④ 香水は嫌いかもしれませんから、聞いた方がいいと思います。

■ 연습 4

① A: 日本は寒いでしょうか。
   B: あまり、寒くないでしょう。
② A: これは誰のでしょうか。
   B: たぶん、山田さんのでしょう。
③ A: 彼は日本に帰ったでしょうか。
   B: たぶん、帰ったでしょう。
④ A: 間に合うでしょうか。
   B: たぶん、間に合わないでしょう。

■ 연습 5

① 人がたくさん並んでいる店だから、おいしいに違いありません。
② 最近、結婚したから、二人は幸せに違いありません。
③ 二人の話が合わないから、一人は嘘をついているに違いありません。
④ いくら探しても見つからないから、どこかに落としたに違いありません。

■ 작문

① お酒を飲むと顔が赤くなります。
② まっすぐ行くとバス停が見えます。
③ あの方は木村さんのお姉さんかもしれないです。
④ 雪も降ったし、明日はたぶん寒いでしょう。
⑤ 警察を見て逃げたので彼が犯人に違いありません。

■ 청해 1

① 左 ② 右

■ 청해 2

① 留学がしたくて、始めました。
② 毎日、動画を見たり復習をしたりしています。

정답 - 제9과

■ 연습 1

① クリスマスのプレゼントなら、ロボットをあげた方がいいです。
② 紅葉を見たいなら、ネジャン山に行った方がいいです。
③ ダイエット中なら、サラダを食べた方がいいです。
④ お弁当なら、おにぎりを作った方がいいです。

■ 연습 2

기본형	가능형
会う	会える
する	できる
行く	行ける
作る	作れる
信じる	信じられる
泳ぐ	泳げる
話す	話せる
買う	買える
食べる	食べられる
帰る	帰れる
言う	言える
読む	読める
聞き取る	聞き取れる
書く	書ける
見る	見られる

기본형	가능형
来る	来られる
眠る	眠れる
飲む	飲める
出る	出られる
着る	着られる
待つ	待てる
入る	入られる
寝る	寝られる
起きる	起きられる
忘れる	忘れられる
使う	使える
乗る	乗れる
覚える	覚えられる
払う	払える
呼ぶ	呼べる

■ 연습 3

① 海で泳ぐことはできません。
② カタカナを読むことができます。
③ 日本の歌を歌うことはできません。
④ ピアノを弾くことができます。

■ 연습 4

① 日本語が話せます。
② ホラー映画が見られません。
③ クレジットカードで払えます。
④ 辛い物が食べられません。

■ 작문

① 風邪なら無理しないで今日はゆっくり休んでください。
② 練習をして質問に日本語で答えられるようになりました。
③ 簡単な漢字なら読むことができます。
簡単な漢字なら読めます。
④ 家族のために買う車ならSUVを買った方がいいです。
⑤ ロビーではWiFiを無料で使うことができます。
＝ ロビーではWiFiが無料で使えます。

■ 청해 1

① 左　② 右

■ 청해 2

① いいえ、ありません。
② 今度の夏休みに取ろうと思っています。

정답 - 제10과

■ 연습 1

① 友達によると、去年の試験は易しかったそうです。
② 先生によると、70点から合格だそうです。
③ ネットによると、あの歌手は来月アメリカでコンサートをするそうです。
④ 祖父によると、昔ここは賑やかじゃなかったそうです。

■ 연습 2

① 高そうです
　高くなさそうです
② 暖かそうです
　暖かくなさそうです
③ 幸せそうです
　幸せじゃなさそうです。
④ 重そうです
　重くなさそうです
⑤ よさそうです
　よくなさそうです
⑥ できそうです。
　できなさそうです
⑦ 落ちそうです
　落ちなさそうです。
⑧ 当たりそうです
　当たらなさそうです
⑨ 厳しそうです
　厳しくなさそうです
⑩ 軽そうです
　軽くなさそうです

■ 연습 3

① 難しそうな問題 / 難しくなさそうな問題
② 便利そうなアプリ / 便利じゃなさそうなアプリ
③ 優しそうな人 / 優しくなさそうな人
④ 甘そうなパン / 甘くなさそうなパン

■ 작문

① 友達によると、あの店はあまり親切ではないそうです。
② 今にも雨が降りそうです。
③ 田中さんは暇そうにテレビを見ています。
④ 高そうな時計をしていますね。
⑤ このプロジェクトはあまり大変ではなさそうです。

■ 청해 1

① 右　② 右

■ 청해 2

① いいえ、セールで安く買いました。
② はい、とても気に入っています。

정답 - 제11과

■ 연습 1

① 彼は来年留学に行くようです。
② 林さんは会社をやめたようです。
③ カンさんはパクさんのことが好きなようです。
④ ハンさんの彼氏は外国人のようです。

■ 연습 2

① 田中さんはダイエットをするみたいです。
② 山田さんはパリに旅行に行ったみたいです。
③ ユンさんは誕生日みたいです。
④ キムさんは会社をやめたみたいです。

■ 연습 3

① 田中さんは来年から東京で働くらしいです。
② あの二人は付き合っているらしいです。
③ 木村さんは来月引っ越すらしいです。
④ 駅前のカフェ、おいしいらしいです。

■ 작문

① ハンさんは眠いようです(=眠いみたいです)。さっきからずっとあくびをしています。
② 田中さんはいつもお茶を飲んでいる。コーヒーが嫌いなようだ(=嫌いみたいだ)。
③ 彼女はまるでモデルのように(=モデルみたいに)背が高いです。
④ 午後から雨らしいですよ。傘を持っていってください。
⑤ 日本語能力試験は、来年からもっと難しくなるらしいです。

■ 청해 1

① 左 ② 左

■ 청해 2

① 毎日、朝起きてすぐと昼ご飯を食べた後と、夜家に帰ってから一日3杯くらい飲むらしいから。
② 化粧品をあげようと思います。

정답 - 제12과

■ 연습 1

기본형	수동형	기본형	수동형
しかる	しかられる	呼ぶ	呼ばれる
見る	見られる	捨てる	捨てられる
殴る	殴られる	泣く	泣かれる
ふる	ふられる	雨が降る	雨に降られる
告白する	告白される	壊す	壊される
踏む	踏まれる	来る	来られる
書く	書かれる	入る	入られる
言う	言われる	刺す	刺される
食べる	食べられる	ほめる	ほめられる
怒る	怒られる	聞く	聞かれる
盗む	盗まれる	愛する	愛される
噛む	噛まれる	撮る	撮られる
誘う	誘われる	読む	読まれる
勧める	勧められる	汚す	汚される
招待する	招待される	笑う	笑われる

■ 연습 2

① 私は彼女にふられました。
② 私は妻に怒られました。
③ 私は兄に殴られました。
④ 私は犬に手を噛まれました。

■ 연습 3

① 私は急に雨に降られました。
② 私は夜遅くまで赤ちゃんに泣かれました。
③ 私は友達にカメラを壊されました。
④ 私は去年泥棒に入られました。
⑤ 私は後輩に資料を捨てられました。
⑥ 私は蚊に顔を刺されました。
⑦ 私は恋人にケータイを見られました。
⑧ 私は姉に服を汚されました。
⑨ 私は先輩に資料の準備を頼まれました。
⑩ 私は部長に怒られました。

■ 연습 4

① A: 上野というところを知っていますか。
② A: 駅弁という弁当を知っていますか。
③ A: 「のぞみ」という新幹線を知っていますか。
④ A: 「タビオ」という靴下屋を知っていますか。

■ 작문

① 毎晩ゲームをして母に叱られました。
② 子供の時、兄に殴られたことがあります。
③ 私は先輩に資料の準備を頼まれました。
④ 犬に手を噛まれて痛かったです。
⑤ 「駅弁」という弁当を知っていますか。

■ 청해 1

① 右　② 右　③ 右

■ 청해 2

① 勝也さんに食事に誘われたから嬉しいです。
② 勝也さんです。

정답 - 제13과

■ 연습 1

기본형	사역형	기본형	사역형
怒る	怒らせる	片づける	片付けさせる
来る	来させる	する	させる
待つ	待たせる	泣く	泣かせる
行く	行かせる	心配する	心配させる
やめる	やめさせる	持ってくる	持ってこさせる
食べる	食べさせる	洗う	洗わせる
喜ぶ	喜ばせる	作る	作らせる
習う	習わせる	休む	休ませる
読む	読ませる	手伝う	手伝わせる
通う	通わせる	言う	言わせる
走る	走らせる	遊ぶ	遊ばせる
覚える	覚えさせる	歩く	歩かせる
笑う	笑わせる	歌う	歌わせる
飲む	飲ませる	踊る	踊らせる
書く	書かせる	買う	買わせる

■ 연습 2
① お母さんがマリコに野菜を食べさせました。
② 社長が田中君に残業をさせました。
③ 私が中村さんにアイスクリームを買わせました。
④ 先輩がハンさんにお皿を洗わせました。

■ 연습 3
① 弟と喧嘩して母を心配させます。
② 妹を殴って妹を泣かせます。
③ 恋人にプレゼントをあげて恋人を喜ばせます。
④ 嘘をついて両親を怒らせます。

■ 연습 4
① すみません。写真を撮らせてください。
② ここに、荷物を置かせてください。
③ もう少し考えさせてください。
④ ちょっと、トイレを使わせてください。

■ 연습 5
① 子供の時、ピアノを習わせてもらいました。
② ここに座らせてもらいます。
③ この入口から入らせてもらってもいいですか。
④ 自由に意見を言わせてもらいました。

■ 연습 6
① A: 料理が上手ですか。
   B: いいえ、目玉焼きしかできません。
② A: 毎日運動をしますか？
   B: いいえ、週1回しかしません。
③ A: 財布にお金がたくさんありますか？
   B: いいえ、100円しかありません。
④ A: ミカンは残っていますか？
   B: いいえ、リンゴしか残っていません。

■ 작문
① 姉と喧嘩をして両親を怒らせました。
② 子供に野菜を食べさせるのは難しい。
③ 体調が悪いので今日は早く帰らせてください。
④ ここに座らせてもらってもいいですか。
⑤ 財布にお金が3000円しかありません。

■ 청해 1
① 左   ② 左

■ 청해 2
① スイミングスクール、ピアノ、英会話を習っています。
② 男性の妻が教室に通わせたから。

정답 - 제14과

■ 연습 1

기본형	사역수동형
怒る	怒らせられる / 怒らされる
来る	来させられる
待つ	待たせられる / 待たされる
行く	行かせられる / 行かされる
やめる	やめさせられる
食べる	食べさせられる
喜ぶ	喜ばせられる / 喜ばされる
習う	習わせられる / 習わされる
読む	読ませられる / 読まされる
通う	通わせられる / 通わされる
走る	走らせられる / 走らされる
覚える	覚えさせられる
笑う	笑わせられる / 笑わされる
飲む	飲ませられる / 飲まされる
書く	書かせられる / 書かされる

기본형	사역수동형
片づける	片付けさせられる
する	させられる
泣く	泣かせられる / 泣かされる
心配する	心配させられる
持ってくる	持ってこさせられる
洗う	洗わせられる / 洗わされる
作る	作らせられる / 作らされる
休む	休ませられる / 休まされる
手伝う	手伝わせられる / 手伝わされる
言う	言わせられる / 言わされる
遊ぶ	遊ばせられる / 遊ばされる
歩く	歩かせられる / 歩かされる
歌う	歌わせられる / 歌わされる
踊る	踊らせられる / 踊らされる
買う	買わせられる / 買わされる

■ 연습 2

① 나는 노래방에서 상사가 시켜서 노래를 어쩔 수 없이 불렀습니다.
② 나는 과장이 시켜서 보고서를 어쩔 수 없이 썼습니다.
③ 나는 어릴 때, 엄마가 시켜서 당근을 어쩔 수 없이 먹었습니다.
④ 나는 엄마가 시켜서 방 청소를 어쩔 수 없이 했습니다.

■ 연습 3

① 私は母にキムチを食べさせられました。
② 私は先輩にお酒を飲ませられました(=飲まされました)。
③ 私は上司に残業をさせられました。
④ 私は友達に1時間も待たせられました(=待たされました)。

■ 연습 4

① A: 会議は何時にしますか。
   B: 午後1時にしましょう。
② A: 食べ物は何にしますか。
   B: 牛丼にしましょう。
③ A: お土産は何にしますか。
   B: 東京バナナにしましょう。
④ A: チームのリーダーは誰にしますか。
   B: 吉田さんにしましょう。

■ 작문

① 恋人に1時間も待たせられて(=待たされて)腹が立った。
② 学生の時、先生に英語の単語を50個覚えさせられました。
③ 新入社員の歓迎会はいつにしますか。
④ 私はカラオケで上司に歌を歌わせられました(=歌わされました)。
⑤ 私は母に数学を習わせられました(=習わされました)。

■ 청해 1
① 右   ② 右

■ 청해 2
① グランドを10周走りました。
② 強くなるためには必要だから。

정답 - 제15과

■ **연습 1**

① 韓国にいついらっしゃいましたか。
② 朝食は召し上がりましたか。
③ 明日は何をなさいますか。
④ 明日の会議のことをご存知ですか。

■ **연습 2**

① 資料をお読みになりましたか。
② いつお出かけになりますか。
③ その件についてお聞きになりましたか。
④ 何時にお帰りになりますか。

■ **연습 3**

① いつ来られましたか。
② 書類は書かれましたか。
③ 何時ごろ戻られますか。
④ どちらへ行かれますか。

■ **연습 4**

① 少々お待ちください。
② 必要な物がありましたら、お呼びください。
③ このメッセージを課長にお伝えください。
④ 連絡先をお書きください。

■ **작문**

① 資料はご覧になりましたか。
② お昼は召し上がりましたか。
③ この件についてお聞きになりましたか（＝聞かれましたか）。
④ 明日のパーティーに出席されますか（＝出席なさいますか）。
⑤ お名前とご住所をお書きください。

■ **청해 1**

① ○　② ○　③ ○　④ ✕　⑤ ✕

■ **청해 2**

① 5、6、1、7、4、3、2

정답 – 제16과

■ 연습 1

① 私は韓国から参りました。
② 私は山田と申します。
③ 伺いたいことがあります。
④ これは先生からいただきました。

■ 연습 2

① ちょっとお手伝いしましょうか。
② 紙袋にお入れしました。
③ お待たせしました。
④ 担当者をお呼びします。

■ 작문

① 伺いたいことがあるんですが、お時間よろしいですか。
② 先生、その荷物は私がお持ちします。
③ 管理者をお呼びしますので、少々お待ちください。
④ 田中先生の電話番号を存じています。
⑤ ちょっとお手伝いしましょうか。

■ 청해 1

① 右　　② 右

■ 청해 2

① クリームパスタ2つと生ビール1つを注文しました。
② ビールを先に準備しなければなりません。